苏州市工商档案管理中心 组织编写

苏州民族工商业百年名企系列丛书

百年鸿生

孙骏毅 著

苏州大学出版社
Soochow University Press

图书在版编目(CIP)数据

百年鸿生 / 孙骏毅著. —苏州：苏州大学出版社，2016.10
(苏州民族工商业百年名企系列丛书 / 卜鉴民主编)
ISBN 978-7-5672-1887-1

Ⅰ.①百… Ⅱ.①孙… Ⅲ.①火柴工业－工业史－研究－苏州 Ⅳ.①F426.7

中国版本图书馆 CIP 数据核字(2016)第 267659 号

百年鸿生

苏州市工商档案管理中心　组织编写

孙骏毅　著

责任编辑　王　亮

苏州大学出版社出版发行
(地址：苏州市十梓街1号　邮编：215006)
苏州工业园区美柯乐制版印务有限责任公司印装
(地址：苏州工业园区娄葑镇东兴路7-1号　邮编：215021)

开本 700 mm×1 000 mm　1/16　印张 9.5　字数 190 千
2016 年 11 月第 1 版　2016 年 11 月第 1 次印刷
ISBN 978-7-5672-1887-1　定价：32.00 元

苏州大学版图书若有印装错误，本社负责调换
苏州大学出版社营销部　电话：0512-65225020
苏州大学出版社网址　http://www.sudapress.com

《苏州民族工商业百年名企系列丛书》
编委会

主　　　任：肖　芃
副 主 任：沈慧瑛　卜鉴民
委　　　员：孙玉婷　甘　戈　吴　芳　彭聚营
　　　　　　朱亚鹏　陈　鑫　王雯昕　李艳兰
　　　　　　张旭东　周玲凤　陈明怡　许　瑶
　　　　　　谢震香　董文弢　赵　颖　盛　明
主　　　编：卜鉴民
副 主 编：孙玉婷　甘　戈　吴　芳
常务副主编：陈　鑫
编　　　辑：栾清照　杨　韫　张　婧　苏　锦

古城烟雨 百年风云

一座城,一百年,一代名企。

故事就此拉开序幕。

苏州,一座拥有 2500 多年悠久历史的古城。史学家顾颉刚在《苏州史志笔记》中说:"苏州城之古为全国第一,尚是春秋物……"始于春秋,历经战国、秦汉……宋元明清,直至新中国,沧桑岁月给古城镌刻下一道道记忆的年轮。

苏州城是古老的,苏州城亦是坚忍不拔的。公元前 514 年吴王阖闾令伍子胥建阖闾大城,伍子胥率领人员,不辞辛劳,"相土尝水,象天法地",终于使一座周围 47 里,有 8 座陆门、8 座水门的姑苏大城屹立在了太湖之滨。经历了几千年风风雨雨的侵蚀,苏州古城的位置至今未变。与中国现存最早的城市平面图宋代《平江图》相对照,苏州古城的总体框架、骨干水系、路桥名胜基本一致,依旧保持着水陆并行、河街相邻的双棋盘格局,这在全世界都是极其罕见的。按照现在的标准,伍子胥就是一位伟大的城市规划设计师。吴地的百姓没有忘记这位功臣,千百年来,胥门、胥江、胥口总是与伍子胥的名字连在一起。每年的五月初五端午节,人们以吃粽子、划龙舟等方式纪念伟大的爱国主义诗人屈原,和屈原一同被吴地百姓纪念的还有伍子胥。

一百年,相对于一个城市来说,似乎太年轻了,尤其是历史如此悠久的古城苏州。一百年,对于一个企业而言,已经是一位白发苍苍的老者,长长的白胡子里满装着企业兴衰沉浮的故事。谁都想做百年企业,但是"创业容易守业难",如何将苦心经营的企业很好地传承下去是摆在众多企业家面前的一道难题。阿里巴巴董事局主席马云在联想控股有限公司

"蓄势而发,砥砺前行"主题活动上说:"如果说把在西方做企业比作一百米的赛跑,那么在中国可能是一百米的障碍跑,甚至是一百米的跨栏。其实我们很不容易,一家企业能跑三十年,相当的了不起。"三十年已属不易,一百年何其难得。

钟灵毓秀的苏州孕育出了一个个优秀的民族企业:苏纶纺织厂、东吴丝织厂、振亚丝织厂、鸿生火柴厂、雷允上制药厂、嘉美克钮扣厂、民丰锅厂……它们撑起了苏州民族工商业的一片天,是苏州经济发展道路上一道道亮丽的风景。苏纶纺织厂滋养了几代苏州人,"三个苏州人里就有一个跟她有着渊源","天官牌"棉纱、"飞鹰牌"棉布誉满江南;东吴丝织厂生产的塔夫绸闻名世界,拥有"塔王"的称号,深受英国王室的钟爱;雷允上制药厂的六神丸家喻户晓、驰名中外……无论是棉纱、丝绸,还是火柴、铸锅,抑或是药品、钮扣,它们都与老百姓的生活息息相关,在人们的日常生活中扮演着不可或缺的角色。

人们感谢这些企业,她们令苏州的经济不断腾飞,令大家的生活更加滋润。然而旁人看到的大多是她们辉煌灿烂的模样,有谁真正知晓个中的滋味。没有哪个企业可以随随便便成功,成为百年老企绝非易事,当初筚路蓝缕、艰苦奋斗的故事几人能晓。经过历史的积淀、岁月的浮沉,这些百年老企也已经物是人非,除了个别企业坚强地生存着,很多也已随时间进入了历史的深处。作为苏州民族工商业奠基石的苏纶厂,其庞大的厂区如今已被打造成苏纶场民国风情街,成为南门商业圈的一部分,只有两座裕棠桥还能让上了点年纪的人惦记着曾经的苏纶厂。鸿生火柴厂红灰相间的小洋楼宛如一艘风雨归来的帆船,依然停泊在护城河边,只是已成为一家港式早茶店。还有多少老企业已难觅踪迹,历史不应该被遗忘,吴地企业辛勤耕耘的奋斗史更不应被遗忘,我们应该为之做点什么。

21世纪初苏州国有企业产权制度改革时,全国首家专门管理改制企业档案的事业单位苏州市工商档案管理中心应运而生,集中收集、保管和利用改制企业档案,使一大批珍贵的工商业档案得以保存,这其中就有很多百年老企的身影。而今恰逢一群熟悉百年老企,甚至是在百年老企生活、工作过几十年的老苏州,愿意用他们真诚的笔墨记录下过往的故事,展现百年老企跌宕起伏的行走足迹,这无疑是一件利泽千秋的好事。在此契机下,苏州市工商档案管理中心组织编写这套《苏州民族工商业百年名企系列丛书》,希望通过丛书留存一段历史,为后人留下一笔宝贵的精神财富。

烟雨中的古城美丽依旧,静静地倾听百年老企的风云故事。

苏州市档案局(馆)长　肖　芃

2016 年 5 月

目 录

卷首语 …………………………………………… (1)

第一章　矢志创业(1920—1929年) ………… (1)

我是海边弄潮儿 …………………………… (3)
在苏州落地生根 …………………………… (7)
没有规矩,不成方圆 ……………………… (12)
踌躇满志扬征帆 …………………………… (13)
声名鹊起满江南 …………………………… (18)
瑞典"洋火"发难了 ……………………… (20)
狭路相逢勇者胜 …………………………… (22)
风波才息狼烟起 …………………………… (27)

第二章　长夜苦斗(1930—1937年) ………… (31)

长夜里,星火闪耀 ………………………… (33)
好一朵丁香花 ……………………………… (37)
"鸿生三杰"张、梁、吕 …………………… (43)
民族大义重千斤 …………………………… (52)

第三章　搏击风浪(1938—1945年) ………… (57)

误上了贼船 ………………………………… (59)
为生存而艰难抗争 ………………………… (61)
饥寒交迫的日子 …………………………… (65)
挡不住的怒火爆发了 ……………………… (68)

第四章　苦熬残冬(1946—1949年) ………… (71)

被作为"敌产"封存了 …………………… (73)

复业后的"宝塔"再展风采 …………………………………… (74)
　　物价飞涨下的日子真难熬 …………………………………… (76)
　　漫漫长夜盼天明 ……………………………………………… (82)

第五章　重获新生（1950—1965年）………………………… (87)

　　走上新路并非一帆风顺 ……………………………………… (89)
　　几座"塔"之间的商标之争 …………………………………… (90)
　　"宝塔"的口碑在百姓 ………………………………………… (93)
　　公私合营天地宽 ……………………………………………… (95)
　　直道弯路多崎岖 ……………………………………………… (99)
　　困难面前不低头 ……………………………………………… (103)

第六章　暴风骤雨（1966—1979年）…………………………… (107)

　　风乍起，吹皱一池春水 ……………………………………… (109)
　　劝人为善守本分 ……………………………………………… (111)
　　重振旗鼓抓生产 ……………………………………………… (113)
　　"安全"二字记在心 …………………………………………… (114)

第七章　百年回眸（1980—2004年）…………………………… (119)

　　鸿生厂也有"乐园" …………………………………………… (121)
　　老有所养夕阳红 ……………………………………………… (123)
　　腾笼换鸟闯新路 ……………………………………………… (124)
　　走过去，前面是个天 ………………………………………… (129)
　　蓦然回首是百年 ……………………………………………… (137)

后记 ……………………………………………………………… (139)

卷首语

火,人类最伟大的发现。

钻木取火,燧石取火,是人类最伟大的引火实践。

北宋陶谷著《清异录》称:"夜有急,苦于作灯之缓,遂批杉染硫磺,遇火即焰,呼为引火奴。"

明代学士田汝成著《西湖游览志余》中也称:"削木为小片,其薄如纸,熔硫磺涂其锐,名曰'发烛',燃之即火。"

这"引火奴""发烛"大约便是古代的火柴了。

引火更便捷、更安全、更节材的现代火柴的发明不过400多年,是现代物理、化学的结晶。

1669年,德国人H.布兰德提炼出了黄磷,这为火柴的发明准备了条件。黄磷极易与氧化合,在空气中暴露时即能发火燃烧。人们利用黄磷的这一特性来取火。有人把黄磷夹在两张纸之间,一经摩擦就能发火;有人则把木梗沾上硫磺后放在黄磷里,一擦也能取火;还有人使用油质引火绳与硫磺、黄磷相接触,同样可以取火。

1805年,法国人钱斯尔应用氯酸盐在有强酸存在时会发生氧化的原理,把氯酸钾、糖、树胶的混合物粘在木梗的尖端上制成药头,浸入装有硫酸的玻璃管中,就产生爆炸性气体和火焰,由此出现了早期的火柴。

1827年,英国人约翰·沃克把氯酸钾和三硫化锑用树胶粘在木梗一端,装在盒内,盒的侧面粘有粗糙砂皮,如将木梗上的药头与砂皮摩擦就能发火,被称为"摩擦火柴"。它的缺点是摩擦时药头容易脱落,携带时也不安全。

1831年,法国人查尔斯·索里亚以黄磷代替摩擦火柴中的三硫化锑制成火柴,到处可以擦燃,使用便利得多。但黄磷有毒,在使用20多年后就被淘汰了。

1855年,瑞典人J.E.伦德斯特伦根据德国人的设计,首次创制出安全火柴。他把氯酸钾和硫磺等混合物涂在火柴梗上,另刷赤磷于火柴盒侧面,这样就将发火剂与燃烧物分离开来。取火时火柴头在涂有赤磷的盒面上擦划才能发火,比硫化磷火柴要安全得多,而且对人体没有危害。

中国人虽然早就发明了燧石取火,但现代火柴的生产和使用至今只有百年。之前,火柴都是舶来品,谓之"洋火"。向中国倾销"洋火"最多的是瑞典和日本,1889年最大进口量为3378284箩火柴,每箩为144盒,值关平银1123022两。

中国第一家火柴厂为广东佛山巧明火柴厂,建于清光绪五年(1879)。

苏州的火柴业较之晚了近40年,但异军突起,后来居上,"宝塔牌"火柴迅速走进千家万户,占领华东大半个市场,乃至远销东南亚,这与护城河边那座红房子以及它的老主人刘鸿生有关。

百年风云,江南烟雨,难以消褪人们对于"鸿生"的深刻记忆。

青灰色的屋顶呈浅平的三角形,圆弧形的窗框构成起伏的波浪线,枣红色的墙裙裹紧一座中西合璧的建筑并与之呼应,这座小洋楼是鸿生厂的百年遗址,宛如一艘风雨归来的帆船,宁静地停泊在千年护城河边。

诗人说,它是一个装着百年历史的长方形的火柴盒。准确地说,红灰相间的小洋楼一层红砖一层灰砖,屋檐、窗框全是枣红色的,就像"宝塔牌"火柴盒的间色。

建筑学家说,大地无言。建筑还在说话,它诉说着鸿生厂的百年沧桑、前世今生。

从开平煤矿的"跑楼先生"一跃而为中国"火柴大王"的刘鸿生,曾经叱咤风云半个多世纪,成为中国近代工商史上赫赫有名的大实业家。他的奋斗史堪称鸿生厂的一部兴衰史,努力创造和艰苦劳动的鸿生员工则是这部兴衰史的书写者。

在1953年参加中华全国工商业联合会第一次代表大会时,刘鸿生心情激动地说:

我是在海边长大的,看惯了渔民出海捕鱼。我就是这样一个船老大,我办的那些企业就是大大小小的船。我驾驶着我的船,不敢有半点疏忽。无论惊涛骇浪、激流险滩,还是风平浪静、一马平川,总算是熬过来了。

我是一个从帝国主义、官僚资本主义双重压迫下挣扎过来的人,我的那几条船好几次差点倾覆,搁在滩头上,叫你哭笑不得。现在我跟共产党走,心里是开心的,为新中国办实业,这正是我们这些爱国的工商业者所向往的。

(摘自《全国政协文史资料》1953年卷)

刘鸿生与他的"鸿生"号帆船风雨兼程,磕磕碰碰,颠簸在烟雨百年的历史风景线上。

一代又一代鸿生人则是最生动的风景,展现着昨天和今天的故事。

第一章

矢志创业

(1920—1929 年)

我是海边弄潮儿

刘鸿生(见图1)是浙江定海人,自小就聪明伶俐,《三字经》读过两遍,就能背诵"人之初,性本善。性相近,习相远"了,眼神里一向充满了自信。13岁时,他进入上海基督教会办的圣约翰中学读书,4年后又升入圣约翰大学深造,门门功课非"优"即"良"。就在读"大二"时,校长卜舫济博士决定资助他去美国留学深造,学成后回国担任圣约翰中学的牧师兼英语教员,月薪150元(当时国民政府的科长月薪才40元),还允诺送他一座小洋楼。

图1　刘鸿生(1888—1956)

这不是千载难逢的好机会吗!谁知道刘鸿生并不领情,断然拒绝了校长这样的安排,他不愿去学神学、当牧师,更不愿意离开自己的祖国。

校长再三劝说,刘鸿生执意不从。

校长非常生气,一纸文书,劝退了刘鸿生。

18岁的刘鸿生离开圣约翰大学后,一度也有点后悔,但他很快就自我安慰,天生我材必有用,离开圣约翰大学就不信无路可走!

世界上有多少个人,就有多少条生活的道路。刘鸿生好像天生是一块经商的料,办实业是他一生的选择。跑楼先生的业务和后来进洋行打工,他都做得风生水起不亦乐乎。积累一定资金后,他就开始炒地皮;炒地皮赚了钱就租货轮跑煤炭运输,不出两年又赚了一大笔钱;有了钱就开始兴办实业,办了一家又一家工厂,其中鸿生火柴厂(见图2)是起步最早的实体企业。

风也匆匆,雨也匆匆,刘鸿生掌舵的这条"鸿生"号帆船风雨兼程,小心翼翼地绕过暗礁险滩,航行于漫漫长夜中。

那是一个动荡不安的年代。1840年鸦片战争的大炮轰开了中国的大门,闭关锁国的惨痛教训促使许多有识之士纷纷思谋实业救国。过了

图2　鸿生火柴厂遗址

半个世纪,两江总督张之洞奏派前国子监祭酒、苏州人陆润庠督办商务局,就在苏州城西南的青旸地圈出一大片土地,从盘门城墙脚下到觅渡桥约6平方千米的荒野枯坟间,雄心勃勃创办起工业园区来了。这里的招商引资项目,既有内资企业,也有外资企业,以租赁、合资、独资、参股等多种形式经营,搞得轰轰烈烈。尽管苏州作为5个通商口岸之一,它的开放与甲午战争的落败密不可分,但在客观上也带动了苏州从一个完全消费型城市向半消费半工业化城市的过渡。

可惜的是,外来资本依赖洋枪洋炮的庇护,肆无忌惮地挤压和蚕食脆弱的民族资本,一边是枪炮加先进技术,一边是落后的家族式管理机制和弱小而分散的作坊式经营,双方的竞争一开始就不是对等的。很快,中国的民族工业就显得力不从心,市场上充塞了"洋火"(火柴)"洋油"(煤油)"洋布""洋伞""洋袜",几乎所有的轻工产品都被一个"洋"字包揽过去了。

后来在回忆创办鸿生火柴厂的初衷时,刘鸿生在上海商会座谈会上慷慨激昂地说:

第一次世界大战后,国内出现了抵制洋货的轰轰烈烈的爱国运动。

那时候我还年轻,虽然口袋里钞票不是很多,但我毕竟是一个中国人,特别是看到一包火柴还要买瑞典人的、东洋人的,我就浑身不舒服,感觉到不能让洋人瞧不起我们中国人。那时我刚做了个跑楼先生,心里就想办实业。我们的前辈都说实业救国,我怎么能袖手旁观呢?

在洋务运动时期,我们的前辈张之洞就主张发展实业、强国强民。他积极地创办铁厂、兵工厂,筹办铁路。南通人张謇也是实业家,他在家乡创办纱厂、面粉厂,主张用实业来办教育,用教育来改进实业,认为实业和教育是国家"富强之大本"。

后来,"实业救国"的议论是很多的。我们那时大力提倡国货,抵制外国的经济掠夺,维护民族利益,共同的口号就是"振兴实业,挽回权利"。

我最佩服的还是张謇,是他最主张办实业。(张謇,1853—1926年,1894年考中状元。中日《马关条约》签订后,激于义愤,主张兴实业、办教育,以挽救危亡的中国。后来父病南归,脱离政界,把主要精力放在实业、教育、文化、水利、交通、城市自治和建设以及慈善事业上。其中,他创造性地经营南通城市建设,取得了非凡的成就,使南通成为"中国近代第一城"。)

我是跟前辈走路的。我是海边长大的弄潮儿,也想在风口浪尖上干一番属于自己的事业。谋事在人,成事在天,我有这个自信。

(摘自《上海商会档案》1950年卷)

30岁的刘鸿生率先把目光瞄准了千家万户不可或缺的火柴。

古人钻木取火或燧石取火,延续了5000多年。现代安全火柴的发明约在19世纪下半叶,瑞典人J. E. 伦德斯特伦根据前人对黄磷、氯化钾、三硫化锑的研制,首次做出了"安全火柴"。他把氯酸钾和硫磺等混合物涂在火柴棍上,另刷赤磷在火柴盒的侧面,这样就把发火剂与燃烧物分离开来,取火时将火柴头在涂有赤磷的盒面上轻轻滑过就产生了火苗。这种方法成为现代取火中最实用、最安全、也最有效的方法,为世界各国所采用。

刘鸿生看准了经营火柴是一个难得的商机,他把火柴厂办到苏州来,也足见其眼光之独到:苏州是一块经商的风水宝地,商贾云集,富甲一方,城市消费能力强;苏州距上海近,能进能退;苏州水陆交通便利,绝无障碍之虑。更重要的是,苏州这座千年古城自吴越战事后,就很少有刀光剑影、血雨腥风了,民风大致是温文尔雅的。即便是1911年10月10日武昌城里的枪声震惊全国,革命气氛蔓延到苏城,位于书院巷里的江苏巡抚衙门一片慌乱,但经过内部策动,很快就"和平演变"了,没有动一刀一枪就宣布脱离清廷,巡抚衙门转眼就挂上了"中华民国军政府江苏都督"的牌子,大街小巷贴满了都督府的六言安民告示:

照得军民起义,同胞万众一心,所至秋毫无犯,莫不踊跃欢迎。
各省各城恢复,从未妨碍安宁,苏省通都大邑,东吴素著文名。
深虑大兵云集,居民不免震惊,今特剀切宣告,但令各界输诚。
愿我亲爱同胞,仍各安分营生,外人相处以礼,一团和气不侵。
旗满视同一体,抗拒反致死刑。共和政体成立,大家共享太平。

(摘自《苏州史志》)

图3　姑苏商市一瞥

城墙上的旗子更换了,男人拖的一根长辫子剪了,士兵的装束更换了,其他一切都没变,店照开,马照跑,舞照跳,市民家的婚丧嫁娶照样热热闹闹,花枝柳巷的媚眼照样频频抛来。弹石路面的观前街上,川流不息的是穿着长衫马褂的人,青色或灰色的二肩轿子匆匆擦肩而过。那时能坐轿子出入观前街的都是有钱有势的人,少数阔家子弟也有骑着高头大马招摇过市的,马蹄"滴笃滴笃"敲击着弹石路面,惹得众人纷纷驻足观望。

动荡的"大气候"下仍有这样安定的"小环境",对于经商者来说总是求之不得的。(见图3)

1908年夏,刘鸿生为推销煤炭曾数次来过苏州,结识了当时振兴电灯厂的老板贲敏伯,与之聊起办实业的想法,两人竟是一拍即合。十多年后,贲老板也确实参与了鸿生办厂事。

刘鸿生选择在苏州城外办火柴厂,还有一个重要因素就是他的妻子叶素贞是苏州的富家女,长得十分秀气,知书达理,其父亲是上海燮昌火柴厂的老板叶澄衷。据《南方人物周刊》载,青年刘鸿生西装革履,长得还是很"帅"的,高挑的身材,椭圆形脸,上宽下窄,前额饱满,两条浓黑的眉毛下是一双炯炯有神的眼睛,对于叶家小姐来说不无诱惑力。但当时的刘鸿生"高"和"帅"有了,却没有"富"。所以,叶澄衷死活反对这门婚事:堂堂一个千金小姐怎可下嫁一个跑楼的穷小子?他断然对女儿说:"你若非要嫁给那个穷小子,那我们父女之间就断绝关系。"翁婿之间由此结下了怨恨。

叶小姐不从父命,毅然跑出去与相爱相知的人草草结婚了。

没有洞房花烛夜,却有山盟海誓词:"我一定让你这辈子过得幸福。我要开一家火柴厂,一定要挤垮燮昌!"(《火柴大王刘鸿生》,载《文史天地》杂志)刘鸿生说到做到,他要更加努力,让自己的新娘比别人生活得更幸福。幸福绝不是别人赐予的,而是一点一滴在自己生命之中筑造起来的。人生中既有狂风暴雨,也有漫天大雪。只要在你心里的天空中,经常有一轮希望的太阳,幸福之光便会永远照耀你。

在苏州落地生根

1920年元月,经贲老板牵线搭桥,信心十足的刘鸿生盘下了位于胥门护城河边的21亩半地皮,又采用参股方式,邀贲敏伯等7人入股,签下了创办华商鸿生火柴无限公司的第一张合同:

立合同人:刘鸿生、杜家坤、杨奎侯、贲敏伯、徐淇泉、陈伯藩、刘吉生

今因信义相投,谨按法定集资十二万元,设立华商鸿生火柴无限公司,所有协议遵守条款,并列于后。

计开:

一、本公司系纯粹华商组织,并遵照公司条例呈部注册,定名为华商鸿生火柴无限公司。

二、本公司专制各种火柴。

三、本公司先设总厂于苏州胥门外沿城壕,设位沪事务所于上海北市江西路61号,俟营业发达,再于各省设立分厂,并推广代理分销处。

四、本公司资金总额国币十二万元。年息八厘,以交款之次日起算。

五、股刘鸿生君出资九万元,杜家坤君出资五千元、杨奎侯出资五千元、贲敏伯出资五千元、徐淇泉出资五千元、陈伯藩出资五千元、刘吉生出资五千元。均于本合同成立日一次交足,不另立收据。

六、本公司设总经理一人,管理公司全部事务,并为全体股东对外之代表,设出品营业经理一人、厂务经理一人,并设监察人一人,监视公司一切营业、财务、并复核各项簿册,提交于股东年会通过之。

七、本公司现举任刘鸿生君为总经理,徐淇泉君为出品营业经理,贲敏伯君为厂务经理,并公举杨奎侯君为监察人。

八、本公司每年结算后所得利益,除提公积十六分之一及官利外,其余纯益每三年作十五成分派一次,其分配方法如下:

（1）股东红利十二成。

（2）总经理、经理、监察人报酬一成。

（3）办事职员分红二成。

九、本公司每年余利,须先提公积,然后分派官利,如有不足八厘,则尽数均分,不得以本作息。

十、本公司如有历年亏损,非经弥补后,实有盈余,不得分派红利。

十一、本公司因公司条例第四十九条各款而解散时,如有亏损,不论多寡,均由各股东按股摊偿。

立合同人:(画押,略)

（摘自《鸿生厂志》）

合同订立了,地皮也买下来了,刘鸿生的头脑里早就形成了厂房整体设计思路,那就是要打造成帆船的模样,寓意事业乘风破浪一帆风顺。这个设计思路由上海王湘记水木作承包实施。贲敏伯从光福一带找来了香山帮木匠。香山木匠的祖师是明代建筑师蒯祥,天安门就是由他设计建造的。砖瓦全部是由苏州城北陆慕窑口烧制的。从明永乐年间起,陆慕烧制的大方砖(俗称"金砖")都是朝廷贡品,紫禁城内殿铺设的方砖有一大半来自陆慕官窑。

"造厂房,百年大计,一点不能拆烂污(吴语方言,指做事尚且马虎、不负责任)的。"在建厂的近10个月时间里,刘鸿生在沪苏之间来来回回不下20趟。"不能拆烂污",成了他查验工程质量的口头禅。

那是8月的一天,太阳很毒,烤得地面发烫。刘鸿生一早就从上海坐车赶到苏州,连水都顾不上喝一口,就撑了一顶黑洋伞来到工地上。厂房的雏形已历历在目,很有气派,也很实用。他走进写字楼,四处转转看看,忽然发现窗框上方有一块木板稍微有一点歪。他不放心,叫人拿来木工直尺,横竖一量,相差约半个厘米。

"不行,要拆下来重做。"刘鸿生吩咐手下去把管工叫来,毫不客气地说。

管工赔着笑脸,低声说:"可能有点相差,看不出来的。"

"不行,你看不出来,我看不出来,良心看得出来,无论如何要拆掉重做。"刘鸿生断然说,"做工程,一点不能拆烂污!"

管工无可奈何,只能关照木工把窗框全部卸下来,返工重做。

刘鸿生随后对黄敏伯说:"在我的老家,造房子是一件了不得的大事,主人家都是一刻不歇地盯着做的。我们这里造厂房更是马虎不得,差之毫厘,失之千里,万万不可以拆自家烂污的。"

厂房一点一点在人们眼皮底下站起来,那个气派在当时的苏州城里还是颇有名气的。

厂房造起来了,招工就更不用愁了。黄敏伯夸下海口:"在苏州城里,找100条狗蛮难的,找100个人,我半天就给你搞定了。"

那一年的夏秋之交,暴雨如注,数月不停,苏北发生特大水灾。据当时水文资料记载,里下河地区水位高达5.18米,高邮湖水位高达6.12米,白马湖水位高达5.30米,都远远超过了历史警戒线。河满堤溃,扬州城、泰州城、兴化城的大街小巷普遍进水,最深处达1.8米,几乎淹没了里下河地区所有低矮的房舍。农田全部被淹,村庄有70%以上被淹,大批灾民或坐船走水路,或携家带口沿途乞讨走陆路,从口岸过江逃难到江南来。

那一年,逃难到苏州来的灾民多达3.56万人!

20世纪20年代初,苏州商会和慈善组织最伤脑筋的一件事就是"上街收尸",比如胥门外的泰让桥,当时为石墩木梁结构,有三个桥洞,中间的桥洞下走船,两边是旱桥洞,老百姓称之为"死人栈房"。一年四季都有逃难的灾民居住在这里。他们白天外出讨饭,晚上就在旱洞里栖身,每年冬天都有不少人死在旱洞里。据1921年苏州商会统计,那年冬天仅这个旱洞里就收尸21具。

还有不少灾民居住在阊门、胥门、葑门、盘门一带的城墙脚下。坐船逃难过来的就移船为屋,把船底朝天翻过来,用几根圆木一支,挂上布帘子,就成了一间房子。从陆路逃难过来的就砍些毛竹、茅草、芦苇,和上城墙泥搭起"滚地龙"以遮风挡雨。比"滚地龙"略胜一筹的是草棚子,以竹木扎成屋架,从屋顶到四壁全用稻草披盖,造房前先将稻草杀青理齐,扎成草扇,逐层披盖,不留一点缝隙。

在苏州落地生根的灾民一般从事的都是粗活(如码头搬运工、粪行里的掏粪工)、苦活(如缫丝工、纺织工)、恶活(如殡葬工)。拥挤在胥门、盘门城墙脚下的灾民有相当一部分被招工进了苏纶厂、鸿生厂、丝织厂,成为苏州第一代真正意义上的产业工人。以蒸汽机和电动机为标志的工业化大生产不仅造就了一批兴办实业的资产者,也造就了大批他们的掘墓人——无产者,为早期苏州独立支部的建党活动奠定了雄厚的阶级基础。

在建厂同时,鸿生厂开始对外招工。工人来源主要有三部分,一部分技术工人,是从上海雇来的;一部分操作熟练工来自宁波乡下;绝大部分则是从逃难过来的苏北、安徽、河南一带难民中录用。首期招工757人,其中男工90人,女工544人,童工123人。

能进入鸿生厂当工人,对居无定所、食无定餐的灾民来说无疑是捧上了一只牢靠的饭碗。建厂初期,厂里就设有公共食堂、浴室、托儿所等,同时还在工厂对面建造几排工房,名曰"鸿生里",安排工人住户82户和部分单身工人住宿。

建厂初期的工资,主要根据不同工种采用计件、计日、计月三种形式发放。排板、装盒、刷磷、篾件等以每盘、每车计件结算,折板、油药、杂务等以每日结算,调药、配药、管理等则以每月结算。当时工人月薪最高是

6元(每担米价为5元),最少不到3元。与相距不远的苏纶厂比较,鸿生厂工人的月薪要少了6~10元。所以,当时胥门一带就流传过这样的民谣:"出早工,磨夜工,苦一年,袋袋空。""金纱厂,银丝厂,叫花子的鸿生厂。"

便是这样,要进鸿生厂也不容易,厂考工科对应招者的面试还是很苛刻的,要如实回答下列问题:

你以前在哪里工作,做多长时候?
那时你每天可得多少工资,够开销吗?
你为什么要入本厂工作?
希得生得多少钱?
你识字吗,能写信札或记账吗?
本厂里有你熟人吗,那个最要好?
你空时喜欢哪种消遣?
你喜欢和那种人做朋友?
你想用什么法子使你的工钱渐渐增加?
你饮酒,吸烟吗?
如果工钱收入不够开销,你便怎样?
你入过党吗?为什么要加入?
你信教吗,为什么要信奉?

(摘自《鸿生厂志》)

口试记录单上除"考问"事项外,还有7个随机提问,即面貌、性情、言语、态度、素质、生活常识、肢体有无残缺等。

老工人周师傅1963年口述当时进厂的情况:

我原籍河南安阳,今年59岁。1920年当我18岁时就进鸿生厂了。进厂那年,老家遭受荒旱,我们兄弟二人租种20亩地,颗粒无收,别说交地租,连饭都吃不饱。村里有人从上海回来说,英美烟草公司招人,灾童也可以进工厂。我的老家就有上千人报名。坐了一日一夜火车到了上海,我和弟弟、还有村里5个青年就被烟草公司转给了刘鸿生,转到鸿生厂的这批人约有150多人。

进厂时,我们经过层层盘问,好像审牢犯一样,问得很仔细,喜欢抽烟和酗酒的一般都不要。厂里还让每个人背厂规。我记得有不准在厂里吸烟、不准私拿厂里的物品、不准在工作时间打瞌睡等,轻则罚款,重则开除。

(摘自鸿生厂厂印资料《鸿生厂的工人忆苦思甜》)

进厂以后的管理条款名目繁多,就像把一群山雀子关进笼子里,尽管给你几颗粟米吃,但你要付出的除了辛劳,还有人身自由。然而,对于吃不饱穿不暖的灾民来说,还有比一只饭碗更重要的吗?

没有规矩,不成方圆

"没有规矩,不成方圆,"刘鸿生在建厂初期的一次工长会议上说,"工厂管得严一点,不仅是为工厂好,也是为工人好。一个人吊儿郎当,做生活拆烂污,是没有出息的。我有话在先,厂里的规矩是用来遵守的,啥人违反规矩,别怪我刘老板不客气。"

成品车间女工刘菊英是刘鸿生的宁波老家亲戚介绍过来的,论辈分,刘鸿生还要叫她"表婶"。这个表婶因为婆婆害眼病无钱买药,就趁人不注意拿了两大包火柴塞在布袋里,没料想出门时被抄身婆发现了,当场拿获,拖到工长面前。

刘菊英流着眼泪苦苦哀求工长放她一条生路。

成品车间的工友都晓得刘菊英家上有老下有小,日子过得实在艰难,就都来央求工长不要汇报到上面去,说做得太绝不好。工长不肯,面孔铁板一块,二话不说就拖着刘菊英到了经理室。这天,正巧刘鸿生从上海过来,一听这情况,立马摆摆手,说了两个字:"开除!"

刘菊英"扑通"一声跪下来,还扇了自己两耳光,恳求刘老板饶她这一回,说她上有老下有小,一家人就靠着她做工挣钱,她不能丢掉这只饭碗。

刘鸿生不耐烦地摆摆手,让工长赶快把她拖出去,赶出厂门。

当天晚上,刘鸿生关照工长去账房取10个大洋给刘菊英送去,给老人去看病买药,但工厂的大门是无论如何不能让她再进来的。

据老工人袁阿大、张文耀等人回忆,鸿生厂初办时,规章制度真的很严,卡得工人透不过气来。除《工友守则》人手一册外,还有几种体罚制度：

（1）抄身制。工人下班出厂门要抄身，特别是对装盒女工更为严格。厂大门口专设二名抄身婆。如有一女工殷小凤，因下班时围腰未整理，袋内有几根火柴梗抄出，竟遭厂方开除。

（2）管理童工制。凡童工在车间里不遵守厂规，工头就在童工额上写上"贪玩"二字作为示众，或用戒尺打手，称之谓"吃亏心"。

（3）更表管时制。凡深夜值勤人员都要挂一只更表，全厂有12处要地门口都配开更表钥匙一把，更表每格10分钟开一次，开12次一轮，若更表迟开几秒钟更表上就会显示出来，这就叫更表管人。

（摘自《鸿生厂志》）

正如马克思所说："资本来到人间，从头到脚，每个毛孔都滴着血和肮脏的东西。"老板的金钱梦就是以工人的血汗为代价的，当机器轰隆作响，工人从鸟叫做到鬼叫的时候，坐在账房里的老板正在拨拉着财富累积的算盘。

踌躇满志扬征帆

刘鸿生不无得意，踌躇满志，长风破浪会有时，直挂云帆济沧海，看来自己驾驭的这一艘帆船顺顺当当地扬帆出海了。在龚敏伯等股东为他举办的一次欢迎酒会上，刘鸿生喝了几杯酒，望了望楼窗外繁华的夜景，忽然就聊起了他当开平煤矿"跑楼先生"的那段往事——

那是一个雨天。浑身湿透的青年刘鸿生撑了一把小伞，匆匆赶到位于上海城隍庙的豫园茶楼去，面见前一天侮辱过自己的申江煤厂黄老板。

刘鸿生得知黄老板约了客户在豫园吃茶，那天一早就赶过来向他推销"开平煤"。这时他的身份是英商开平矿务公司上海办事处的煤炭推销员。那时谈生意一般都在茶楼、酒楼里进行，所以上海人称这些人为"跑楼先生"。

黄老板正与客户洽谈一笔大生意，几番讨价还价怎么也谈不拢，回头看见灰头土脸的刘鸿生不请自来，顿时火冒三丈，开口就骂："滚开，跑楼瘪三，侬（你）来触我霉头啊！"

刘鸿生那时还是个穷小子,穿一身皱巴巴的深灰色洋装,系了一条从老城隍庙地摊上淘来的蓝底白花领带,拎了一只被雨水淋湿的包,被黄老板迎头一顿痛骂,委屈得要哭:"我……我想向你介绍新到的一批煤,成色上乘……"

"去去去!"黄老板眼睛一瞪,"小瘪三,侬跑楼也不看看地方。"

刘鸿生年轻气盛,对黄老板说:"我是跑楼的,可你不能侮辱我。"

黄老板被他这一"冲",竟有点对他刮目相看:"小赤佬,脾气不小嘛,好吧,侬明朝到这里来找我。"

刘鸿生一句话不说,拎起包就走。这天他特地在楼下要了两客"南翔小笼包"向黄老板赔礼,是啊,昨天人家在谈生意,是自己去打扰人家的呀。

黄老板见他如此真诚,如此有肚量,不仅与他做成一笔大生意,还拍着他的肩膀说:"好好干,侬会有出息的。"

刘鸿生带着几分醉意回顾着他的那段人生经历,叹了一口气说:

那个时候,我在上海街头漫无目的地走着,脑子里就会转出这样一个念头:如果我不能在上海滩上立牢脚跟,不要怨天尤人,那是我自己没有本事;但我就想着要有我的一个位置,你这样去想,就会义无反顾地去做。一个人没有钱并不可怕,可怕的是没有志向。没有志向,有钱也会失去;反之,没有钱是可以挣到钱的。天上掉下来一只金元宝,它并不是规定给哪一个人的,谁都有机会拿到它,可是只有一个人可以拿到它,比的就是谁的眼光更准,运气更好,下手更快。

如果有人错过机会,多半不是机会没有来,而是因为等待机会者没有看到机会到来,而且机会过来时,没有一伸手就抓住它。

(摘自上海《工商联档案资料》)

人生就像一台戏,长短无关紧要,好坏就看演技。

这时的刘鸿生显然有些得意洋洋,众股东也是乐不可支。因为鸿生厂开工了,上上下下都摆平了,就等着成箱成箱的"定军山牌"黄磷火柴出厂,去换回一沓沓钞票了。那"轰轰轰"的轧机声,在刘鸿生听来就像是贝多芬的《命运》交响乐一样美妙。

然而,帆船一旦驶离港湾,就是最精明的船老大也很难预测未来的航路上究竟有多少惊涛骇浪与暗礁险滩,又有多少挣扎与苦斗、寸步难行与破釜沉舟。

日产40大箱(每箱500大盒,每大盒10小盒)的产量并不算大,但对于刚起步的鸿生厂来说,就像婴儿落地的第一声啼哭,充满了欢喜和希望。那一阵,工人们也很高兴,尽管每天挥汗如雨,早晚喝粥,青菜萝卜,但看着一盒盒火柴从自己手里做出来了,那也是有一点成功的喜悦的。听刘老板许诺说,日产能提高到100大箱,就给工人加薪。工人们加班加点,汗流浃背,赤膊短裤在车间里苦干,就奔着日产量三位数去了。(见图4)

图4 鸿生火柴厂工人在劳动

做火柴说起来并不复杂,就这么10道工序:齐梗、排板、上油、上药、烘干、拆板、装盒、刷磷、包封、装箱。但要做出一根合格的火柴,却非易事,绝对需要工匠精神。

"定军山"火柴出厂后进入市场,像汇入洪流的一泓溪流,并没有太大的响声,甚至观前街上几家大商号都不让其进柜台,负面信息却如春末的柳絮一般满城飘散开来。

1924年12月22日苏州《明报》在一篇题为《冬至脚下的玄妙观》的文章中提到,"鸿生火柴出摊销货,冷冷清清,购者寥寥。知情者称,定军山牌火柴乃烂污火柴,划燃多根未见火星。因其使用的黄磷乃有毒原料,故销售愈见困难。"虽然当年年底即改用赤磷制作火柴头,并以"宝塔"

"单狮""地球"作为品牌,但鸿生厂头上那顶"烂污火柴"的帽子仍然没有摘去。

"烂污火柴",是当时的苏州市民对鸿生厂出产的火柴的形象比喻,说的是火柴头燃点低,往往擦上多根还不见一颗火星或者火苗一闪即灭,擦火柴稍微用点力木梗就会折断。

一天,吴县信客(相当于现在的快递员)给刘鸿生送来一只纸板箱,搬到写字楼上来拆开一看,居然都是"定军山"火柴,都是划过的火柴棍,有些折断了,有些火柴头没了,只剩下未燃的火柴梗。箱子里有一张黄裱纸,上面用毛笔写了8个字"烂污火柴,寿终正寝"。手下人非常生气,猜测可能是同行的恶作剧,抓起箱子就要扔到窗外去。

刘鸿生摆摆手说,且慢,把箱子留下来,可以起到警示作用。

这只纸板箱后来在写字楼里一摆就是好几年,落满了灰尘。

"烂污火柴"的根子在药料配方,明眼人一看就知道,刘鸿生何尝不清楚!问题是配方中的配比究竟应该是多少?这是所有火柴厂锁在铁箱里的"绝密档案"。瑞典的"凤凰牌"火柴一擦就燃,根根出彩,它的药料配比就高度加密,甚至连瑞典驻中国的商务参赞都不知道,故作神秘地耸耸肩膀对前来采访的《申报》记者说:"凤凰是怎么飞起来的?我不知道,你不知道,只有上帝知道了。"

"烂污火柴"纷纷遭遇退货。鸿生厂工人摆地摊推销也无济于事。鸿生火柴厂当年就亏损52112元。几个参股的股东面有难色,后悔不该把资金投到这个无底洞里去,但木已成舟,只能硬着头皮挺过去了。

车间里的工人都在喊喊促促地议论:"鸿生厂还办得下去吗?"

那一阵,刘鸿生盯在苏州了,对着一箱箱"烂污火柴"皱紧了眉头。

万事开头难。鸿生厂刚创办时是很艰难的,差点连工钿也发不出来。那时,刘鸿生别无选择,只能破釜沉舟背水一战了。三国里的曹孟德兵败赤壁,最后还有一条华容道可走。他就不相信无路可走。很多事情也是逼出来的,一逼,他就会去想办法,办法总比困难多。

不通过黑夜的道路,人们不能到达黎明。如果在一个想让你哭的人面前流泪,那就是失败;越是在这种时候,越是要笑,顽强地闯过难关。可能刘鸿生的运道比较好,居然请来了林天骥先生,他是化学博士,刚从美国学成归来,助了他一臂之力。

林天骥,广东潮阳人,民国八年(1919)上海沪江大学毕业,之后5年在美国康奈尔大学攻读博士学位。是一个股东向刘鸿生举荐了林天骥,刘鸿生闻讯喜不自胜,当晚就拎着礼品登门拜访。

林天骥起先还有点犹豫,觉得自己堂堂一个海归博士去投奔新创办的一家火柴厂,未免杀鸡用牛刀了。刘鸿生毫不隐瞒,坦诚地对林博士诉说自己办厂的初衷,眼下面临的困难,尤其是人才奇缺的窘境,终于说动了对方的心,林天骥答应担任总工程师,月薪1000元!

林天骥到厂后,经过半年多试验,采用高强度的胶黏剂,解决了火柴头受潮易脱落的问题;独自研制和掌握了精确的药料配比(这属于鸿生厂的秘方,厂志里也未见记载);他还与其他技术人员一起改进了磨磷机,提高了赤磷的质量。改进后的"宝塔牌"火柴,头大,发火快,火苗白,风吹不易熄灭,磷面经久耐用,迅速在市场上站稳了脚跟,居然还跑在了瑞典"凤凰"的前面!

上海的《申报》是这样报道的:"苏州鸿生'宝塔牌'火柴质优价廉,经久耐用,声誉鹊起,国人翘首以盼已久,实乃我中华之名牌。"

在企业管理上,刘鸿生也是大胆起用具有西方先进企业管理才能的人才,华润泉就是其中之一。华润泉曾留学英、日,当时在公共租界工部局任总会计师,是个精通法律和会计业务的专家,而且为人随机应变,足智多谋。刘鸿生对他早有耳闻,经过一段时间的考察,认定他是自己理想的帮手,就想着挖过来为我所用。

第一次造访华府,尽管刘鸿生谈吐不俗,执礼甚恭,态度恳切,华润泉仍觉得他年纪太轻,根基也浅,虽未谢绝,亦未应允。刘鸿生没有灰心,第二次又去造访华府,这次较第一次效果为佳,但华润泉推托"心有之,然而力不足"。第三次造访华府,刘鸿生不但带来了重礼,还奉上第一个月的高薪。华润泉见刘鸿生"三顾茅庐",不仅态度诚恳,而且为人厚道,认为他是可以信赖的朋友,就毅然辞去收入丰厚的总会计师职位,投靠鸿生厂,之后他将厂里的业务、账务打理得井井有条。若干年后,华润泉还记忆犹新,感慨地说:"古人有训,'世有伯乐,然后有千里马。千里马常有,而伯乐不常有。'我这辈子能遇到刘老板这样的知遇之恩,是最感荣幸的。"

那时鸿生厂写字楼里的白领身着一色的纯棉白布衣裳,按职级不同,分别落座在转椅、圈椅、靠背椅、四方凳上办公。铺着企口地板的写字间,墙上挂着老板的照片。庭柱上挂有日历、报表、挂钟和悬下的电灯,老式电扇和老式的白铜高脚痰盂在老式的装订机边上,一切都是那样有条不紊。

声名鹊起满江南

因为管理有方,经营有道,"宝塔牌"火柴声名鹊起,日产量迅速提高到200大箱,远销闽、赣、浙、皖、鲁等地,尤其是在江浙农村地区,几乎成了家家必备品。

笔者曾写过一篇题为《剪碎的日子》的纪实散文(载孙骏毅散文集《黑白情调》,四川文艺出版社1999年版,2014年11月9日选载于《城市商报》),其中有一段话道尽了对"宝塔牌"火花的喜爱:

我珍藏了几张火花,是鸿生厂公私合营时出品的第一套"宝塔牌"火花。别人看这几张豆腐干大小的纸片,不过是火柴盒上普普通通的贴画,而在我的眼里却是不可多得的宝贝。尽管45个冬夏过去了,送我火花的邓老师的微笑永远挂在墙上了,但火花上的色彩并没有褪去,而且在我的记忆里愈发鲜活起来,生动起来。(见图5)

那是1969年3月28日下午,春寒料峭,苏州城南的码头上人山人海。

接知青的船队就沿南门码头停泊,由几十只铁驳船组成。上千名知青告别家乡北上,从江阴黄田港过江,沿大运河、苏北灌溉总渠,到黄海农场去。

船队起程时,岸上和船上哭声一片,令人心悸。

当时,只有17岁的我站在船头上,遥望岸上密密匝匝的人群,也不知我的亲人挤在哪里,一边抹眼泪一边拼命挥手。

再见了,我的家乡;再见了,我的亲人!

正在这时,邓老师跌跌撞撞地从人群中挤了过来,伸出一只手向我招招。

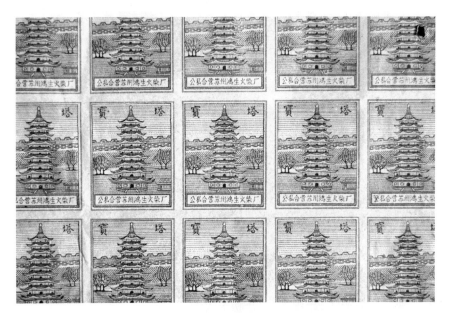

图5　鸿生火柴厂"宝塔牌"火柴的火花

邓老师是我小学里的语文老师,是我最敬重的师长。我喜欢上她的语文课。讲《赋得古原草送别》时,她可以从诗情、诗意讲到诗人白居易写那首诗的轶闻趣事,45分钟的课堂变成了生动的故事会。就是这样的好老师,那个年头里却被剥夺了拿教鞭的权利,被发配去扫厕所,罪名是"资本家的孝子贤孙",据说是因为她的外公是鸿生火柴厂的资本家。一次,她因为不服批斗,被造反派关进了小屋里。我偷偷地去看过我的老师,买了几个馒头,偷偷地从窗户里塞进去给她。她朝我感激地点点头,摇摇手让我赶快走……

往事并不如烟。我跳下船迎着邓老师走过去,眼里忍不住又有泪了:"您身体不好,怎么还来啊?"

"我来送送你,唉——"邓老师长长地叹了口气说,"这一别,不知道什么时候才能相见了。"

码头上的风很冷,吹着邓老师已经杂白的头发。她抚了一下头发,看看周围没人注意她,就从挎包里迅速拿出几本书塞到我手里,其中有一本是碧野的《天山风物记》(当时还被认定是"毒草"),书里夹了这几张"宝塔"火花,凄然一笑说:"送给你,留个纪念吧。这几张火花还是我外公留给我的。到了乡下,还是要多看些书,无论如何要看看书的。"

邓老师走了,一别十年,我重返家乡时,她已经永远地走了。

我们为曾经的疯狂付出了最沉重的代价。青春就是这样被寒冷的铁驳船载走了。

在黄海滩涂上,点起一盏煤油灯看着邓老师送给我的书,想念家乡想得心痛的时候,我就会拿出这几张火花看一看,那家乡的塔,那家乡的人,那刻骨铭心的乡情……

岂止是五彩斑斓的火花耐人寻味,后来在三年自然灾害时期,鸿生厂的火柴更是抢手,凭票供应的。因此,家家都把它当成个宝贝,置放在灶洞的干燥处。邻居间一时急用而遍寻无着,借一盒火柴总是要记得归还。

鸿生的老工人更是爱惜每一根火柴,如看见车间里掉落的火柴,一定会弯腰捡起来。这似乎成为一种下意识的习惯,即便是在20世纪80年代后,火柴已被市场冷落了,但地上掉落的火柴也还是有人会去捡起来。

鸿生厂发迹了,起步了,甩开膀子大干了。

刘鸿生扬帆出海更是雄心勃勃,短短几年内,他采取各种正当的或不正当的手段挤走了在苏州开办的另外四家规模不大的火柴厂,甚至采取不顾血本降价销售的手段挤垮了他的妻舅叶世恭在小日晖桥开办的燮昌火柴厂分厂,最终一口吞下了这家厂,还迫使燮昌的合伙人写下了屈辱的条款:

苏州燮昌厂基、厂房,永远不作制造火柴之用,以避彼此营业上竞争。业经双方允洽,须始终信守。

(摘自《鸿生厂志》)

成功的机遇只垂青那些懂得怎样去追求它的人,而且是一往情深地追求,执着而又勤勉。火柴大王的生意如日中天,财富滚滚而来,"宝塔牌"声名鹊起,这也激怒了霸占中国市场多年的"洋火"商,他们岂肯善罢甘休、拱手相让呢!

瑞典"洋火"发难了

欧伦是瑞典火柴商,这个一头卷发、高鼻梁、瓦刀脸的中年人是一个精明的"中国通"。他在给瑞典驻中国大使的信中,恶人先告状:"瑞典

'凤凰'火柴在中国市场营销多年,赢得了口碑。现在面临着来自华商鸿生公司'宝塔'火柴的压价挑战。'凤凰'不会认输,瑞典也不能输掉中国市场。中国是一块大蛋糕,瑞典分享的只是很微小的一块,而且我们吃得并不愉快。希望大使先生能出面与中国政府交涉。"

据《民国档案》记载,瑞典大使曾先后三次与南京政府交涉,理由就是中国火柴商采用不正当竞争手段挤压瑞典火柴商,但所述理由并不充分。南京政府先予调解,调解不被接受,遂不予理睬。瑞典商人一计不成,又生一计,欧伦说服日本"燧石牌"火柴商,双方商定大幅度压价,欲从价格上挤垮鸿生火柴。

1925年春,形势突变,倒春寒骤然袭来。上海发生五卅惨案,震惊中外。全国掀起抵制日货运动,苏州市民热烈响应,游行示威,风起云涌。5月31日,苏州各界80多人在北局青年会召开会议,决定全市罢工罢市罢课,以唤起民众,声援上海的抗议运动。在苏州的日本洋行惶惶不可终日,整天大门紧闭。原先出售日本"猴子牌"火柴的商铺都把"猴子"关进了库房里,还有的干脆堆在马路中间放火焚烧。日本火柴商的声誉一落千丈,迅速退出市场。瑞典商人见势大喜,乘虚而入抱团出击,立刻以低廉的价格收买了日商的上海燧生火柴厂,就地生产"凤凰牌"火柴。

1926年3月7日的《申报》豁然登出大版广告:凤凰火柴五折销售!

一天,欧伦携同瑞典大使馆商务参赞林德突然不请自来,到刘鸿生的府上与之洽谈,先是自夸"凤凰"火柴在中国民众心目中印象极佳,压价销售后销路大开,继而故作怜惜之态,为"宝塔牌"火柴销路受阻担心,希望刘鸿生识时务、顺潮流,把鸿生厂转让给瑞典火柴商;退而求其次,那就是搞联营,统一用"凤凰"商标。

刘鸿生听到瑞典火柴商愿出较高价格来收购鸿生厂,一时也颇为犹豫。

据厂长王守义后来回忆说:

瑞典火柴托拉斯企图收买鸿生火柴厂等一事,是在上海同刘鸿生秘密进行的。当时苏州厂内广大职工起初一无所知。直到刘鸿生的秘书曹雨塘伴同瑞中洋行的经理欧伦来厂参观论价,才真相大白。后来谈判并未成功。据我的推测,主要是瑞典商人收买价格没有能够满足刘鸿生的要求。那时瑞典火柴托拉斯也想收买上海中华火柴厂,结果也没有成功。

售厂未成,刘鸿生生下决心,重振旗鼓,并进一步考虑以同业合并设想建立大中华火柴公司,以示与外商对抗,几经周折,经刘多方动员说服,合并终于获得成功。

(摘自《鸿生厂志》)

其实,后来的事情还有些波折。瑞典商人见收购不成后并未死心,又通过商务参赞林德找到刘鸿生,表示由大使馆出面担保,可以按原来谈定的价格收购鸿生厂。

刘鸿生不再相信对方的承诺,淡然一笑,婉言拒绝。

1951年,刘鸿生在上海工商业界新年茶话会上忆及这段往事,还是耿耿于怀:

我原来是想卖掉鸿生厂的,不完全是价格谈不拢,主要还是火柴厂在苏州,我有点管不过来。但是瑞典商人出尔反尔的态度激怒了我,就横下一条心来要办好我的鸿生厂。

瑞典参赞林德的算盘打错了,要"宝塔"投降"凤凰",我绝对不可以答应。

我哪怕最后亏得赤脚地皮光,我也不会与瑞典商人合作。做一个中国人,总是要有一点骨气。那时的中国市场上到处铺满的洋火柴,我看着就来气。我可以被打败,但我决不可以认输。

(摘自上海《工商联档案资料》)

狭路相逢勇者胜

瑞典火柴商的趾高气扬深深激怒了刘鸿生,他提出了同业合并、减小竞争、厚集资金、协力图存、一致对外的倡议。1928年8月,他亲自起草告火柴同业书,散发给同仁以为号召:

告火柴同业书

窃思火柴一物,为家常日用之品,我华地大,民众,全国销之广,岁以金钱计,当不下千万元之巨,其为重要实业,奚待繁言。顾国人自设之厂,虽有多家,然均规模简陋,不足以言发展。遂令耽耽外商得日事侵略,攫我巨利以去,然设计三毒,侵略之狠,如瑞中公司者,实尤为我国货同业之最大隐患焉。该公司为瑞典商人所组织,以垄断世界火柴营业为其唯一目的,设立以来,除法国火柴事业属诸国有外,其他各国之火柴厂,大多被其收买兼并。三年前,颇称著名之日本磷火,尚在归并这列,此外可想而知。东三省及青岛各地,亦有数厂被其收买。目下该公司规模之大,获利之厚,以视我国货各厂,何异天渊之别,而其并吞野心则初来因此少戢。我苏省同业至今犹得幸存,在彼视之,不啻眼中之刺,时以拔除为快。幸我同业各厂,深明大义,迄未受其收买。故至今无从下手。然其处心积虑,未尝一日忘情于我国货各厂,固不待蓍卜而后知也。考该公司所出火柴,如凤凰牌、桥牌等,品质优良,确在国货之上。销行我国通商各口岸,为数之巨,而尤以长江上游为最盛,虽在穷乡僻壤,亦时有所见。外货侵略之锐厉可畏,于此可见一斑。我国货同业处此情势之下,前途发发,极为可虑。

(摘自《鸿生厂记帐房存卷》,转载自《鸿生厂志》)

1929年6月19日,鸿生厂全厂停产一天,专门组织职工列队上街游行,到阊门专营批发洋货的协泰丰商号门前宣传抵制洋货的重要意义。他们印制传单,广泛散发。(见图6)

在游行队伍中,有"鸿生三杰"最为努力。老大张阿春(1901—1932),浙江绍兴人,油药工;老二梁善贵(1901—1932),江苏淮安人,油药部替工;老三吕和尚(1914—1932),湖北广济县人,油药部送板工。张阿春是个文艺活跃分子,曾组织过"工人剧社"。三人在剧社里相熟并结为"拜兄弟"。这时,三人是1925年冬成立的中共苏州独立支部王芝久的联系人。王芝久

图6 抵制洋货支持国货的传单

当时是位于今体育场路的乐益女校的国文教员,他是独立支部的对外联络员。王芝久听说鸿生厂工人在厂部的默许下要进行抵制洋货的游行,张阿春和吕和尚希望借着这次游行向资方提出加薪和善待童工的要求,以维护工人利益。王芝久召集三人秘密开会,指出这次游行的主要目的是抵制洋货,不宜把工人的具体要求提出来。

张阿春说:"这次游行是资本家默许的,我们工人怎能为资本家说话?"

王芝久说:"我们当然不能为资本家说话,但抵制洋货,振兴民族工业,也是我们工人的要求。大敌当前,要一致对外。跟资本家算账,以后有的是机会。"

吕和尚问:"王先生,我们听你的,你说我们可以做什么?"

王芝久压低声音说:"站在运动前列,起到表率作用,同时发现运动积极分子,为组建中共鸿生厂支部做准备。"

三人领命后,那天,果然是站在游行队伍前列,张阿春不时领呼口号:"国人买国货!""抵制洋货,匹夫之责!""买国货荣光,买洋货可耻!"

这次游行从观前街经石路到胥门返厂,途经洋行时还特地围过去抗议,声称要"毁掉所有洋货"。工人们爬到日本洋行的楼顶上,把事先写好的白布黑字标语挂在楼顶一直垂到半腰,标语上写着"千家哀悼洋货寿终正寝,万户欢庆国货趾高气扬"。一些大学生编演活报剧,一边是头戴纸糊的画着星条旗、太阳旗、米字旗的高帽子,故作瘸腿走路的样子,一边是举着"振兴国货"小旗的中国人扬眉吐气的样子。

这一举动极大地振奋了苏州市民的热情,许多商家都把洋布、洋火、洋伞撤下柜台,在店门口贴出告示"本店只售国货"。

与此同时,刘鸿生提出了国内火柴厂抱团出击的5条具体办法。1928年,刘鸿生联合荧昌火柴老板朱子谦等,成立江苏省火柴同业联合会,选举实业巨子张謇担任会长,约定:共同议价,避免自相降价;若依据行情,涨价或降价者须报经联合会通过方可实施。

联合会向国民政府上书,要求限制瑞典火柴进口数量,减低国产火柴的捐税,以刺激国内火柴业的发展。

中国火柴商的义举并没有阻止瑞典火柴商"东扩"的野心。1930年10月5日,《时事新报》爆出惊天消息:瑞典拟用1500万元贷款,换取中国火柴专利权50年!

刘鸿生闻讯后,立即召集同业开会,会上通过了给国民政府的质疑书,要求政府出面,明确给民族工业一线生机。瑞典方面见势不妙,也就撤销了原先的提议,火柴专卖泡汤了。但瑞典火柴商的暗中作梗从未消停过,目的就是要把以鸿生厂为代表的中国火柴业挤出市场。

面对瑞典火柴商气势汹汹的挑战,刘鸿生也不示弱,经过33次协商,鸿生、荧生、中华三大火柴公司终于在1930年5月30日签订解散原三家公司、合并股份的协议,于7月1日正式成立大中华火柴有限公司,资本总额达191万元,刘鸿生出任大中华火柴有限公司总经理,原鸿生公司经理黄敏伯调任公司襄理,王守义出任鸿生厂第一任厂长。(见图7)

图7 大中华公司董事会合影

大中华公司成立后,财务、销售由公司总事务所营业科办理,各分厂并不直接销售。鸿生厂只负责生产。这时厂区面积已扩为33亩多,厂房358间,职工874人。厂长管辖监工员、驻厂会计员、考工员、技术员、文书员、庶务员;监工负责监管贴排部、制梗部、排板部、油药部、拆板部、装盒部、刷边部、包装部、动力部、机木工修理部等。当年年产量为28000箱,折合件数为201600件,资本总额2367300元。火柴商标使用飞枪、月兔、大象、三老、金鼎、农夫、老人、美丽等。

瑞典火柴商气急败坏,发起更强大的促销攻势,不仅在上海收买日商燧生火柴的经销权,又在北京收买了一批中小型华资企业,制造廉价的"副牌"火柴,压价倾销,来势汹汹。欧伦扬言:"瑞典不是任人宰割的羔羊,尽管我们常常感到力不从心,但瑞典人有漂洋出海的冒险精神,决不会败在中国人手下。除非有一天瑞典突然从地球上消失了。"

同时,日本火柴商也卷土重来,他们对中国庞大市场早已垂涎欲滴,本想着鹬蚌相争渔翁得利的,奈何瑞典火柴商并不争气,所以当瑞商提出与日商联手对付刘鸿生时,二者一拍即合,一起向中国火柴发难了。

刘鸿生并不害怕,在大中华公司董事会上义正词严地说:

我们办民族工业,从光绪年间的李鸿章、张之洞、盛宣怀等老前辈算起,每走一步都会有洋人跟我们作对。风浪是不可避免的。要过河,总归要遇着风浪的,躲是躲不过去的。我是在海边长大的,我们宁波海边的老渔民哪个不是在风浪中过来的?破釜沉舟的故事想必大家都熟悉。项羽与秦军决战,引兵渡黄河后,把所有的船只都沉掉,所有的锅子都打烂,就只带三天的干粮,以激励士兵奋勇向前。我们现在就需要破釜沉舟的勇气,与洋人决一死战。

(摘自上海《工商联档案资料》)

刘鸿生慷慨激昂,陈说利弊,给同行鼓劲。会后,他就风尘仆仆去湖北、江西、安徽等地踏勘、游说,很快就兼并了九江裕生火柴厂、汉口燮昌火柴厂、芜湖大昌火柴厂、扬州耀华火柴厂等中型火柴企业,抱团取暖,形成了中国火柴实力强大的南方集团军。

据《扬州工商档案》记载,刘鸿生来到耀华火柴厂,先是吃了个闭门羹,因为鸿生的"宝塔牌"与耀华的"文峰塔牌"曾有过一场商标官司,以耀华败诉结案,所以,他们一直耿耿于怀,对刘鸿生的到来并不欢迎。刘鸿生在扬州的酒楼里包下一桌,再三恳请对方光临。耀华拗不过面子就来了,本想借这场合数落刘鸿生一顿,但听刘鸿生说起"国货当自强,与洋货一决天下"时,深为感动,乃捐弃前嫌,答应参与大中华公司的联合经营。

大中华公司所属厂开始大幅度更新火柴制造设备,从而提升了与洋火柴一决高低的实力。频频出招的降价手段,弄得洋商焦头烂额。到 1931 年,大中华所属企业生产的火柴占据大半个中国市场,加上其他国内中小企业生产的火柴市场份额,拿刘鸿生的话说是"火了大半边天"。

落败的瑞典火柴商欧伦垂头丧气,他在 1933 年春天给瑞典驻中国大使的信中感叹道:

我们尽了所有的努力,但还是要被挤出中国市场,上帝似乎站在刘鸿生一边。我们已经无计可施,只有上帝知道,我们下一步该做什么。问题是我们完全不知道中国人会怎么做。

（摘自上海《工商联档案资料》）

那一年的仲春,鸿生厂厂区里那几株老桃树竟是花开满树,红艳艳一片。

那一年的端午节,鸿生厂破天荒放了 3 天假,还给每个工人发了 3 块大洋的过节费。

那一年的春夏之交,鸿生厂的"宝塔牌"火柴在苏州的市场份额高达 68%。

风波才息狼烟起

20 世纪 30 年代中期,世界性经济危机席卷欧美,也波及中国。这次危机主要是通货膨胀引起的,生产是蒸蒸日上,但是这种生产是不顾需求的盲目生产,生产量大大高出了消费量。这就造成了一种虚假的繁荣,商店里商品丰富,但是那些都是资本家和有钱人的。劳动者和资本家之间的剥削关系没有得到任何缓和,劳动人民还是贫困如初。这些无法销售的东西,最后被资本家扔掉或是倒掉,就形成了很荒唐的局面,一面是劳动人民吃不饱肚子,另一面是大量的牛奶等物品被倒掉。这种日益增长的生产力同劳动资料的私有制之间的矛盾是无法调和的。最后这种矛盾在股市崩溃的推动下造成了当时美、英等主要西方资本主义国家的经济危机,因为影响特别广,所以也称为世界性的经济危机。苏州市场同样遭遇危机浪潮的冲击,产品销不出去,银行、钱庄等金融业银根吃紧。一些中小企业纷纷倒闭。

瑞典火柴商一蹶不振，自身难保，从此撤离中国市场。

前门拒虎，后门有狼。日本火柴商瞄准这一商机，借着日本军人侵占东三省的骄焰，堂而皇之在沪、苏、杭等地开出数家经营火柴的洋行。

设在苏州的日本洋行是一座两层青砖小楼，就在现在的南门桥东侧，窗口插了一面太阳旗，进进出出的有穿和服的日本女人和留着两撇小胡子的日本男人。洋行距鸿生厂坐马车也就10分钟的路程。

1935年初秋的一天，有一个身着白色府绸衫、戴着金丝边眼镜的中年人跳下黄包车，手里拎了一根"斯的克"（俗称"文明棍"），旁若无人地走进鸿生厂。厂管欲上前阻拦，只见他用"斯的克"敲了下厂管的腿："让开，我找你们厂长！"有人认出这人是日本洋行里的管家，一个标准的"中国通"，于是，赶紧去报告时任厂长王守义。

王守义认识来人，客气地把他引进写字楼。

来人毫不客气地用"斯的克"敲敲楼板，从口袋里掏出两盒"宝塔牌"火柴，往桌上一扔："火柴，你们的，质量大大的坏！"

这两盒火柴，一盒没贴磷面，一盒里只有半盒火柴。

王守义笑笑，摇摇头："这不可能是我们鸿生出去的，我们每道关口都有严格检查的。"

来人责问："那这是怎么回事，你的说！"

王守义不想说有可能是你们故意做假来讹诈我们，还是笑道："这样吧，先生，你把两盒火柴留下，等我查明情况后告诉你可以吗？"

来人冷笑一声："好，我的等结果。"说罢，扬长而去。

那人一走，几个技术员就围上来，一看就知道一盒的磷面有刀刮过的痕迹，另一盒磷面上有划过的痕迹。

"太欺负人了，这不是讹我们厂吗！"

"别理他，看他还敢来捣蛋不！"

"善者不来，来者不善，我们要当心。"

王守义估计为了区区两盒火柴，那家伙不会再来的。

谁知道第二天中午，来了一辆马车，跳下来三个人，其中一个就是前一天来过的中年人，还有两个自称是日本领事馆的干事。

他们径直来到写字楼,"叽哩哇啦"一通日本话后,中年人说:"刚才领事馆的官员说了,你们不承认火柴质量差,我们统统的很生气,你们要负全部责任。"

王守义看着中年人说:"我们的技术员对先生您拿来的两盒火柴进行过检查,不应该是我们的出厂产品。"

中年人用"斯的克"敲敲地板:"你是说我们日本人敲诈你的?"

王守义依然和颜悦色地说:"别误会,我想可能是搞错了。"

三人又"叽哩哇啦"说了一阵日本话,中年人指着王守义的鼻子说:"你们的要赔偿,不然,你的就跟我到领事馆去说。"

账房拽了一下王守义的衣角,摇摇头,意思是绝对不能跟日本人走的,去的话没好事。只能认赔了,赔了500元,才把这三个瘟神送走。

哪知道事情还没完,过了几天,日本洋行的门口居然挂出一块水洗板,上面用毛笔写了几个歪歪扭扭的中国字:"宝塔牌质量差,本洋行体验。"

围了很多路人在看。鸿生厂的工友回去告诉工长,工长告诉厂长。王守义苦苦一笑说:"有啥办法呢,现在日本人越来越得势了。"他心里清楚,去上海开会时,刘鸿生告诉他,现在上海市场上日本火柴占了大半,哪家商号不进日本火柴,就可能遭到日本浪人的捣乱。

事情还没有完,过了半个月,日本领事馆居然一纸"警告"送达鸿生厂,声称鸿生厂故意压价,挤兑日本火柴,是对大日本帝国的蔑视。鸿生厂如不守商业"规矩",大日本帝国必将采取一切措施予以严惩。

"唉,国弱被人欺啊。"王守义轻轻叹了一口气,"惹不起总还躲得起,离日本商行远一点,再远一点。"

在上海的刘鸿生得知这些情况后,托老朋友植田贤次郎找到日本领事馆疏通关系,这才使这场风波不了了之。

据《民国档案·进口一览》记载,1935年全年进口火柴总计529679箱,其中日产火柴279000箱,占到二分之一。苏州市场上,日本火柴铺天盖地。后来到了日本人占领苏州的1938年的春节,汪伪政府的商会强行规定,所有日杂店、烟纸店销售火柴,必须先去日本洋行进货。

日本《朝日新闻》在一篇报道中如此描述：苏州是一座美丽的城市，古典而优雅，可与我国的京都相媲美。那儿的市场十分繁荣，南来北往的生意人都在苏州买卖中转。我国火柴商人具有聪明的经营头脑，很快就占领了那儿的大半个市场。可以充满信心地预言，未来迟则三年，快则一年，那儿的火柴市场统统会属于大日本帝国了。

第二章

长夜苦斗

（1930—1937 年）

第二章

本溪煤矿

(1930—1937 年)

长夜里,星火闪耀

漫漫长夜,苦苦挣扎。资本家囿于利害得失,对洋人总是惧怕三分,在洋货充塞的市场夹缝中生存。但他们对统治下的工人就没那么温良恭俭让了。由于鸿生厂较之邻近的苏纶厂工资偏低,操作工经常加班加点,劳动强度大,所以,这一时期鸿生厂工人罢工此起彼伏,诉求目标主要是增加工薪和减轻劳动强度。

1930年7月26日,鸿生厂工人第一次自发地举行大罢工。据资料记载,工人将系在身上的围裙往肩上一搭,就表示参加罢工。工人们有30多人聚一起的,也有分组散落在厂区里的。他们一边议论,一边对着写字楼高喊:"我们要增加工资!"

罢工工人利用当时的工会组织给大中华公司高层写信,施加压力。

公司当即软硬兼施答复说:"沪厂工潮已由市府负责调解,万望苏地工人复工为上,否则后果自负。望转告诸工友安心工作,勿为流言所惑,酌加工资原则可以采纳。"言外之意,如果鸿生厂要同上海厂一样,就可能遭到市府的弹压。资本家硬的一手,软的一手,企图用花言巧语欺骗工人。但工人不受欺骗,仍然罢工。7月30日上午,排板间工人只排了10车,到9时就宣布停工。他们所提的要求是增加工资5分。厂方不敢做主,就向公司高层汇报。汇报毫无结果,罢工断断续续拖到了12月6日。大老板刘鸿生不得不亲自出马,他带着几个保镖前呼后拥来到鸿生厂。他把工人召集到账房门口,气势汹汹地站在台阶上,清了清嗓子,开始对工人训话:"我开办这个火柴厂是为了养活你们工人,我不靠这个火柴厂,我的企业多得很。你们停工好了,我照样在上海住洋房吃法国人菜。我告诉你们,没有鸿生厂,你们做工人的就活不下去。"

罢工工人听了这些话非常愤怒,大家你一言我一语,都怒目瞪向刘鸿生,有的还喊起了口号:"工人养活资本家!""我们要求增加工资!""不加工资,决不复工!"

刘鸿生见人心躁动,自己说话没人听,也只能无可奈何地笑笑,让工人派出代表来谈判。谈判结果是双方都做出让步,工人代表让步2分,资方答应增加3分。

为了改善劳动条件,这一时期的工人还有其他反抗形式。据老工人回忆,1931年3月11日,装盒房发生怠工工潮。起因是工厂劳动条件太差,生产的一种红药火柴特别容易燃烧,不少工人的脸部、手部、头发甚至棉帽都被烧灼。工人根据当时的民间偏方向厂方提出要吃麻油,消毒清火。厂方一口拒绝。这下激怒了工人,特别是装盒房的女工,大家一商议:怠工!有女工说要去找工会,向公司反映。厂方怕事情闹大,就同意男工给麻油2两,女工给1两。暗地里,派工长去查这次怠工风潮中闹得凶的是哪些人,结果9名女工被开除。

鸿生厂工人罢工越来越有底气,很大原因是得力于两个方面:一是当时的吴县火柴业工会仗义执言;二是工人夜校的开办,提高了工人的文化水平和思想觉悟。

1930年7月27日,鸿生厂工人为要求增加工资而罢工,工会就出面为工人说话。从《大中华火柴公司档案》中工会与大中华公司的几封函件往来可见一斑。

1930年7月29日,吴县火柴业工会致大中华火柴公司苏州鸿生厂厂长王守义函:

查自工会成立以后,工人迄未增加工资,处此百物昂贵之际,受其影响非浅,只得忍痛受饥,待唤奈何而已,贵公司所以改组大中华者,亦莫非其因也,贵公司改组以来,几及一月,百废应兴革者,俱未举办,惟对于职员特别优待,增加薪金最少者为六元,多者拾余元,念(疑为"廿")元不等。其用心果安在哉?莫非以利诱彼,欲使其直接压迫工人也。而工人对此,甚为愤慨。今晨排板间上午只排十车,在九时即行停工,如此其生活何能维持?所以各部组长到会声言,工作需要认真,生活不能维持,故特请敝会向厂方要求增加工资,敝会据此,当嘱其各个安心工作,即时函到厂方,代其要求务必使其满意,为此相应函达,请照增加职员最低额增加男女工人工资,并希于三日内答复敝会,因众心愤慨已极,只能维持现状一星期迟则不负其他责任。

1930年7月30日,大中华火柴公司复吴县火柴业工会函:

贵会为会员生活问题,请求厂方增加工资原属正当之要求。不特工友所期望，即公司方面亦早在计划之中，惟公司属厂有四，工人多至数千。不同地方情形不同，工作能力有异，即如何增加，加至何种程度，亦皆须详为考核通盘筹划，始能昭示公允。为妥善之处置，固非如职员人数较少，能在短期内确定者可比。贵会顾念公司企业困难，能深明大体，行动一本于理，对于此种情形，想亦在洞悉之中，更有进者，贵会用正当手续，为合理要求，原无不合，惟在目前提出此项要求，纵无夹持之用意，亦须避形式上之嫌疑。务望本劳资协作之真精神，转告全体工友，安心工作，切勿为浮言所动。一旦上海等处工潮稍有解决办法后，自当于一二星期内，采集各种资料，研究加给工资之妥善办法。

1930年7月31日，吴县火柴业工会致王守义函：

夫出品原为工人生产，而职员不过形如劳工，实际于出品无何关系，何得厚于此，而薄于彼也？又谓增加工资为合理要求，惟在目前非其时也，且有要挟之意云云。此又大不然。况敝会自成立以来，迄未增加工资，各部工友曾屡次请求向厂方要求增加，而敝会虽因生活程度过高，只因营业不振，外资充斥之故，多方比喻，善言劝导，所以并未举动。此次厂方对于职员加薪，以致引起全体工友质问，敝会不得已，始于此时提出要求也。现在增加工资之事已经议决，对于增加办法，除分别列表说明外，无论如何务于八月一日起，将应得增加工资计算在内，并请于三日内答复，如候上海风潮解决之后，再行施诸实行等语，认为搪塞之词。须知，上海工潮系一事，敝会工友要求又系一事，安能相提并论也。

附：吴县火柴业工会所提要求增加工资一览表

部　门	工资加法
排板间	每车加1分
油药间	每百车加2分5厘
拆板间	每车加5厘
点工	每日每人加2角
装盒房女工	每1千加1角
大包房女工	每10听加1角3分3厘
刷边房女工	每10听加6分6厘6毫

| 理片女工 | 每10盘加2分8厘5毫 |
| 拣片女工 | 每1盘加3分3厘 |

1930年8月6日，大中华火柴公司复吴县火柴业工会函：

兹经本公司八月四日第六次筹备会议议决略谓增加工资一事，各厂应同时举办，断无对于要求者与不要求者显分轩轾之理。并应一律定于本月十六日起加。唯究应如何增加之处，应先由厂务科与考工科会同将各厂原有工资详加审查，并参照出品成本，拟订具体办法，再行分别召集各厂工会或工友代表，为相当之协商，以为妥善，如有不能见谅，定欲为过分之要求者，则本公司亦唯有不惜任何牺牲，以俟自然结果云云。

1930年10月18日，吴县火柴业工会致王守义函：

案查增加工资一律，系敝会于国历七月间提出书面要求，经数度讨论，始有贵公司承认自八月十六日起为增加工资之准确日期。但至今两月有余矣，未见举动，殊甚诧异。想贵公司素为分工合作，且办事人员均属精明强干，何如经此长时期未有头绪也。而其间全体工友曾屡次质问！均经敝会善言劝导，令其静候解决。且据情转达贵公司，请其速为表示真相，以释群疑，然总不过搪塞推诿而已。兹于本月八日，各部组长据全体工友之意，到会声称，将增加工资一事，请向厂方严行交涉。务必于最短时间，促其实现。若再迁延时日，不谋解决，恐将发生劳资恶感等情。为此，敝会特于第二次理事常会提出讨论，佥谓增加工资，徒托空言，殊为欠妥，恐怕有变故，无力维持，理宜积极进行。并决定于本月内将增加工资一事，妥为设法办理完善。如俟十月底再不解决，或者工友中发生误会，以致引起纠纷，敝会虽欲维持，而力有所不逮。但是群情趋向，势必欲迅予解决，当然另觅正当途径。因此各走极端届时未免有伤感情。感情既伤，仍须履行。贵公司既承认于先，何必因循于后，岂非故技作态逼令工友发生其他，以使敝会为难。贵公司不能保守信实，亦难辞其责也。

1930年11月1日，大中华火柴公司致所属各厂厂长函：

各厂增加工资一事，现经本公司董事会议决，办法如下：各厂工友一律于十九年(1930)八月十六日起增加工资。男工照原工资增加百分之五,女工照原工资增加百分之三相应函达,希即查照办理,并转知工会可也。

1930年12月6日,总经理刘鸿生与副厂长戚福铭到苏州,召集全厂工友开会,说明此次增加工资是在公司营业极为困难的情形下实施的,也是体恤工友生活的一种表示。同时,向地方当局申明,本案由劳资自行解决,不必再予调解之。

至此,加薪一事折腾了近半年,遂告一段落。

好一朵丁香花

鸿生厂工人夜校的开办,据说是得到总经理刘鸿生首肯的。他说教工人识几个字,能记个账,是好事情。青年工人吃过晚饭,不出去闯祸,也不去吃喝嫖赌,把时间用来识字读书,是好事情。好事好办,当时设在鸿生里家属区内的工人夜校首期就招了30多名学生。到了晚上,青年工人兴冲冲聚拢到夜校里来识字读书,用的是《大众识字课本》。其中的课文内含生活常识和人生道理,通俗易懂,还很风趣。

如《请问尊姓》:

永儿的爸爸对永儿说:"如果有客人来,先要问他尊姓。"
明天,对门的徐先生来看永儿的爸爸,永儿说:"徐先生,请问尊姓?"

如《铁匠》:

丁丁当,丁丁当,
铁匠工人日夜忙。
早也不离铁锤,
晚也不离风箱,
做成了钉耙、犁头、大锹,
供给农民种田忙。

鸿生厂也油印过一册课本,是夜校临时请来的教员白丁香从乐益女校搞来的,其中有一课叫《为什么》:

为什么穷人播下了谷子,到头来却忍饥挨饿?
为什么穷人双手盖起高楼,到头来却露宿街头?
为什么穷人一辈子做牛做马,到头来却买不起一口棺材?
为什么穷人织出了绫罗绸缎,到头来却是破衣烂衫?
为什么穷人造出大马路,到头来却无路可走?
为什么穷人抬轿拉车,到头来却寸步难行?

2009年3月,88岁的丁根生老人依稀记得在鸿生厂夜校里读书的情景:

在我印象中最深的是小白老师,冬天来上课是坐着黄包车来的,穿了一身深蓝色的学生装,围了一条米色围巾。小白老师长得很标致,讲课也很有激情,又说又唱,工人们都很喜欢她。夜校放学后,生怕小白老师不安全,工人们会轮流护送黄包车走进胥门。我记得她好像是在东吴大学里读书的大学生。

那个被工人称呼"小白老师"的姑娘叫白丁香。据《沧浪区志·革命烈士篇》记载:

白丁香(1910—1932),女,苏州人。弃婴。为圣约堂美籍宣教士白美丽收养。毕业于东吴大学。1931年入党。后被党组织派往北平工作,次年因叛徒出卖被捕,在南京雨花台英勇就义。

那是初冬的一天,位于天赐庄的圣约翰教堂门口,早起的教堂女工突然发现台阶上有一只箩筐,里面垫了几层稻草,睡着一个弃婴,用一条蓝底白花点儿的土布包裹着。弃婴的脸色冻得苍白,嘴唇发紫。弃婴的襁褓里塞了一张黄裱纸,上面写着弃婴的姓名和出生年月:"丁贞,宣统二年(1910)庚戌二月十五日午时生。"

女教士们惊慌失措,不知道怎么办才好,都闭上眼睛在胸口画十字。

有一个叫白美丽的美籍宣教士闻讯赶来,二话不说,就把弃婴抱了起来:"我仁慈的主啊,你把这个罪人送到我的面前,我要拯救她的灵魂。"她执意要收养这个弃婴。

且说那位白美丽,1870年2月生于美国俄亥俄州的一个小镇上,父亲是杂货商,死于车祸,是母亲把她一手拉扯大的。从当地教会中学毕业后,她随做生意的大伯来到中国,进入上海圣约翰大学学汉语和神学。大学毕业后被上海基督教总会派往苏州圣约翰教堂(见图8)做宣教士(神学教师)。因为幼时贫困而多难的家庭背景,白美丽拥有一颗特别善良的心。

"上帝把幸福赐予每一个人。"这是白美丽常说的一句话。当她轻轻掀开襁褓,看到弃婴圆圆的脸,圆圆的眼睛,虽然小脸冻得苍白,但看得出是一个漂亮的女婴,就满心欢喜:"这是上帝赐给我的最好的礼物。"后来,上海总教会委派白美丽去欧洲学

图8　苏州天赐庄圣约翰堂

习一年,她就将起名"白丁香"的婴儿托付给出身贫困的教友吴师母收养。吴师母原是鸿生厂的上药女工,后因病回家做"走做"(相当于现在的钟点工),住在离教堂不远的一间租来的轿房里。所谓"轿房",就是过去的大户人家用于给轿夫歇脚用的门房,一般在进门右侧。轿房不大,放下一张大床、一张方桌、几只箱子后,所剩空间就不多了。

轿房虽小,养母和白丁香却生活得很温馨。白丁香管白美丽叫"嬷嬷",管吴师母叫"寄娘"。在嬷嬷和寄娘的双重关爱下,白丁香长大了,长成了一个18岁的大姑娘。白丁香特别聪明,过了一年就考进了东吴大学。那时的东吴大学里思想开放,学生会办的各种油印刊物有50多种。白丁香喜欢看书,常常独自坐在紫藤廊下一看就是半天。有些进步书刊是偷着从乐益女校借来的,像《新青年》《觉悟》《寒星》《北斗》等。有一次,乐益女校的梅姐借给她一本油印的《共产党宣言》(陈望道翻译),她从中读出了"穷人为什么穷"的道理。

后来在给鸿生厂夜校工人上课时,白丁香说:

苏州是人间天堂吗?不,还是人吃人的社会。你们想想观前街上的酒楼天天灯红酒绿,距此不远的玄妙观西脚门不定哪一天就有像我这样

的弃婴和饿死的老人；环城河上划过装饰华丽的灯船，岸上的纤夫弯腰曲背在行走，纤绳勒紧他们的肩膀；你们鸿生厂的老板坐的是"奥斯汀"轿车，住的是上海刘公馆，吃的是山珍海味，可是你们工人连一日三餐都难以为继；城里的有钱人家娶三妻四妾，可穷人家插草标卖儿卖女……这是为什么？

我们不是生就的穷命，是这个社会让多数人变成穷人，少数人变成富人……这是为什么？

这就是这不公平的世道造成的！

我们面对不公平的世道怎么办？忍气吞声还是奋起抗争？沉默还是死亡？

别指望救世主，从来就没有什么救世主，要想活出个人样来，就要靠我们自己。

（摘自《民国南京中央监狱档案·白丁香卷》）

嬷嬷白美丽对养女信仰的东西越来越担心，多次对她说："仁慈的主要我们宽容、仁爱、平和，这样将来才能回到上帝身边，你怎么可以去对工人说那些有罪的话？"嬷嬷尤其不能容忍养女的书包里居然藏着油印的《共产党宣言》，"太可怕了，我的孩子，你怎么可以去看这些异端邪说的书！我绝对不允许你去看这样的书！"

丁香微微一笑，固执地说："我觉得这本书是为穷人说话的，我是一个穷人家的弃婴，我可能注定是这个世界的罪人。"

嬷嬷非常气愤："太可怕了，我怎么能够拯救你的灵魂啊？"

丁香说："从来就没有什么救世主，也不靠神仙皇帝。"

嬷嬷痛苦地摇摇头，堵上自己的耳朵。她实在不明白上了大学的养女怎么就像变了一个人。

21岁的白丁香在东吴大学秘密履行了入党手续，成为中共党员。在一间偏僻的木工间里，白丁香与东吴大学的另外3名党员低声唱着《国际歌》：

起来！饥寒交迫的奴隶！
起来！全世界的罪人！
满腔的热血已经沸腾，

作一次最后的斗争!
旧世界打它落花流水,
奴隶们起来,起来!
莫要说我们一文不值,
我们要做天下的主人!

(瞿秋白译自俄文版本,1923年6月)

白丁香把《国际歌》带进了鸿生厂工人夜校,唱着这首歌,大家就觉得特别带劲。

后来,白丁香随养母去了上海,在上海举行了婚礼,丈夫也是东吴大学的地下党员。

白美丽为养女在圣约翰大学找了一份国文教员的工作。她兢兢业业教书,深得学生喜爱,可是教了不到半年,就被校方辞退了:

近查国文教员白丁香在学生中散布异端言论,传播异端书报,有损本校声誉。虽屡经规劝,仍不思悔改。故辞退,不复任用。

(摘自《民国南京中央监狱档案·白丁香卷》)

白美丽气得哭了,丢掉一只饭碗并没有什么,最丢面子的是作为一个神职人员,她的养女竟然是"异端邪说"的布道者!

白美丽异常痛苦地说:"我的主啊,你为什么有这样的安排?"

白丁香安慰养母说:"我没有做伤风败俗的事情,更没有做对不起我们国家的事情,我问心无愧!"

离开圣约翰大学后,经上海地下党组织安排,白丁香先是进《申报》做报馆资料员,后又被派往北京组建新的联络站。1932年9月底,白丁香因叛徒出卖而被捕,被连夜押往南京中央监狱关押。丈夫阿乐不久也在上海被捕。

养母白美丽得知消息后焦急万分,当即坐车去南京。因为她是美国人,又是上海总教会牧师,当局网开一面,准许她和养女见上一面。这时,白丁香已有三个月的身孕,因长期奔波营养不良,圆润的脸颊明显消瘦了,没有血色。

白美丽终于隔着铁窗看到了久别重逢的养女,一时百感交集,失声痛哭:"为什么会这样,仁慈的主啊,救救我的孩子吧!"

白丁香惨淡地笑笑,安慰养母说:"我既然做了这件事,我就预料到会有今天。"

"为什么不能改变呢?"白美丽抹了一下眼泪说,"我会去跟当局说的,我的孩子是可以忏悔的。"

白美丽从南京归来后,迅速通过美国驻中国大使馆和上海总教会与南京当局周旋,陈述白丁香参加"匪党"是受人蛊惑,要求当局念其年轻并已有三个月身孕,予以保释。

南京当局给出两条出路:一是具结悔过,即可保释出狱;一是假如白丁香持有美国护照,那就由美国大使馆直接从监狱里接走白丁香,中途不准落地,直接遣送出境。

白美丽满以为这两条出路已是当局格外施恩了,她可以救出自己的养女了,所以,又匆匆赶往南京,立刻申请去见白丁香。

白美丽万万没有想到第一条"具结悔过"的出路当即被养女拒绝:"我不悔过。我没有犯罪。我没有什么需要悔过的!"

听到第二条"流放美国"的出路,养女沉吟许久,但还是痛苦地摇了摇头:"我不能走,我的苦难的祖国需要我!"

图9　白丁香(1910—1932)

白美丽流着眼泪劝她:"你即使不为自己着想,你也应该为你未来的孩子着想啊。"

白丁香沉默了。戴着脚镣的她艰难地转过身去,再回头时,养母看见她满面是泪。

真理只为了智者而存在,美丽只为了一颗能感受的心。

美丽的白丁香给世界留下一个丁香般美丽的背影。

12月3日子夜,白丁香被绑赴南京雨花台惨遭枪杀。(见图9)

狱中递出白丁香留给养母的一封遗书(摘自白美丽的回忆录《我的中国女儿白丁香》,刊登在1955年8月美国《基督教科学箴言报》上):

亲爱的妈妈:

请允许我最后一次叫您"妈妈"!

我注定是这个罪恶世界的罪人,无药可救。

我注定是不能上天堂了,但我绝不忏悔!

我是一个共产党员,但我首先是一个中国人,因此我不能跟您去美国。只可惜我那还未出生的孩子,他将随我去黑暗的地狱,想到此,我不由肝肠寸断!

我即将远行,让我再叫您一声"妈妈"!

我恳求您在上帝面前为我那可怜的孩子祈祷,愿他早日脱离苦海。

我最心痛的是我此生不能尽孝,如有来生,让我好好报答您的养育之恩!

永远深爱您的女儿泣诉

23年后,两鬓斑白的白美丽著文深切怀念自己的中国养女,她在文中说:

我们信仰不同,有过很多争论。很多时候,我并不喜欢她的自以为是和固执己见。我最痛恨的是有一次她竟把那本邪书(指《共产党宣言》——笔者注)带进我们神圣的圣约翰大学,还偷偷拿给她的学生看,以亵渎神灵。她常常不听我的话。她为她的倔强付出了太多太多。但我的养女丁香在我的眼里始终是一个理想主义者,一个圣洁得像水晶一样透明的人。

她或许更像一束带着淡淡紫色的丁香花,她的眼神里总流露出忧郁,但她始终不愿放弃——我至今也不明白她是中了什么邪,但她为自己所认定的理想愿意献出一切,甚至生命。

很多年过去了,但我还是不能在心里放下她,常常会在梦里梦见她。她的微笑还是那样真诚。她给我的遗书我不知道读过多少遍。我想上帝是仁慈的,他不会把我的丁香、一个有罪的人拒之门外。我最希望有一天能在天国里与我的丁香、还有我的未出世的外孙见面。

(摘自《我的中国女儿白丁香》)

当年包裹弃婴丁香的那条蓝底白花点儿的土布,一直陪伴着白美丽。

"鸿生三杰"张、梁、吕

1931年春,公开身份是国民党吴县临委会执委的中共"独立支部"书记王芝久,当时正在鸿生厂的工人夜校办识字班。刘鸿生赞成办识字班,但不晓得王芝久是"共党"。王先生能放下"执委"的架子到厂里来办学是很不简单的,为此刘鸿生还关照账房给识字班提供一切方便。王芝久后来奉地下党之命去昆山后,识字班就交给当时的吴县中心县委管理,任教的是王伯奇书记的一个亲戚,工人们都叫他"翁先生",还有一个就是东吴大学的小白老师。

张阿春三兄弟一下班就到夜校里来识字读书,帮着整理校务。吕和尚当时只有16岁,个子矮,光头,整天笑眯眯的,厂里人都喊他"小和尚"。小和尚的家在葑门大河浜。说是"家",其实就是搭在沿河的一间草棚。从清末民初起,大批苏北难民涌入苏城,小和尚的爹娘就是从湖北逃过来的难民,就在葑门城墙脚下砍些芦苇、茅草,弄几根毛竹,搭成一间房子住下。爹租了辆黄包车拉客,娘就捞些螺蛳、糠虾卖钱,日子过得紧巴巴的。有一年,爹累得吐血死了,剩下娘和小和尚一起生活,更是吃了上顿没下顿。直到把12岁的小和尚送进厂里去做学徒,一家人的生活才稍许有点起色。

屋漏偏逢连夜雨,1927年的黄梅天,娘突然浑身长疮,高烧不退。小和尚到横街上去撮了点药,但娘的病情未见好转,反而愈发严重了。娘躺在芦席片上,拉着小和尚的手,老泪纵横:"娘是不行了,拖不过去了,娘只有一个心愿,死后能有一口棺材……娘这一辈子也没有住过一间像样的房子啊……"

小和尚哭了,使劲点头。娘死后,才13岁的小和尚哭成了泪人儿,他进厂不满一年,哪来的钱给娘买一口棺材啊!乡邻都很可怜这个没爹没娘的孩子,但都是逃荒过来的穷人,东凑西凑也凑不满这笔钱。那时一口杂木棺材要8个大洋。

正在众人手足无措时,横街上的棺材店伙计抬来一口黑漆棺材,朝门口一放,然后撒2枚铜钱,点一炷香才走。过去棺材店给丧家送棺材,这是一个必做的规矩。小和尚问多少钱,伙计说棺材钱由一位姓王的先生付过了。

小和尚愣住了,自家在苏州举目无亲,这是哪一位好心人做的善事啊?

办完丧事,老大张阿春告诉他,是王芝久先生替他付账的。

小和尚感激万分,夜校开课后,他"扑通"一声跪在王先生面前:"您就是我的再生爹娘,以后您有用得着我的地方,我刀山火海也敢去!我如果缩一下头,就是这个!"他做了个王八趴的手势。

王芝久笑了,赶紧拉他起来。之后,他把兄弟仨找到一起,问他们:"你们想过没有,为什么富人在松鹤楼吃一顿可以花几十个大洋,而我们工人做一个月拿不回2个大洋,你吕和尚拼死拼活做,到头来给老娘买一口棺材都买不起?"

小和尚挠挠秃头,"嘿嘿"傻笑:"命呗,穷人命苦。"

张阿春也说是"命",穷人穷命。

"不对的,"王芝久说,"穷人富人天生一条命,一样的,那是因为我们的血汗钱被富人吸干了。"

张阿春说:"富人有狗日的官府撑腰,我们当工人的没得办法呀。"

王芝久说:"我们工人只要团结起来,就能跟富人们斗,把我们的血汗钱要回来。"

小和尚问:"怎么个斗法?"

王芝久笑道:"我给你们讲个陈胜吴广的故事吧。陈胜小时候很苦,与大家一样是种田的,不过他心志很高,常常撑着锄柄叹息:'如果有哪一天我们中间有谁富贵了,可不要忘了大家。'那些种田人都笑话他说:'你只是一个受雇于他人的种田人,哪里会有什么富贵呢?'陈胜听后,长叹一声说:'唉,燕雀怎能知道鸿鹄的远大志向呢!'后来,他和吴广率领农民起义,推翻了苛政严酷的秦王朝。"

哥仨听得非常入迷,暗自思忖,我们要做"鸿鹄",决不要做"燕雀"。

之后,在王芝久、王伯奇(吴县中心县委书记)的帮助下,哥仨加入了中国共产党,成立了"中共鸿生火柴厂支部",张阿春兼任中心县委组织部长,梁传贵任书记,吕和尚为组织干事兼共青团书记,先后发展党员10多人。

工人夜校是党组织的活动基地。张阿春与王伯奇为单线联系,联系点就设在大儒巷一家私人诊所里。鸿生支部常常去盘门外的荒坟野地里开会,从那里接受地下党的指示,汇报工作情况。《共产党宣言》(见图10)的手抄件是王芝久离开时留给张阿春的。这些工人党员对过于深奥的理论一时难以理解,但对那段话印象特别深刻:

共产党人不屑于隐瞒自己的观点和意图。他们公开宣布:他们的目

图10 《共产党宣言》

的只有用暴力推翻全部现存的社会制度才能达到。

让统治阶级在共产主义革命面前发抖吧。无产者在这种革命中失去的只是锁链。他们获得的将是整个世界。

夜校里,油灯闪亮,说话很轻,一群有觉悟的工人开始组织起来,攥成一个有力的拳头。

1930年的秋天,对于鸿生厂来说注定是一个不平常的时期。中国火柴商异军突起,并没有阻止瑞典火柴商"东扩"的野心。鸿生厂的老板、管理、账房、工头都很头疼,担心"宝塔牌"火柴会被挤出市场。

消息传来,中心县委指示鸿生厂支部利用这个机会,发动工人罢工,向当局施加压力,同时在罢工中壮大工人阶级的力量。鸿生支部的党员迅速分散到各个车间做工人工作,约定从次日凌晨起全厂罢工,并派人与不远处的苏纶厂地下党小组联络,协调行动。

凌晨,护城河上大雾弥漫。往日机器喧嚣的鸿生厂一片死静。工人们除留下少部分人护厂外,其他人都涌向市府。苏纶厂、苏经丝厂也有部分工人参与。

中心县委那几天特别忙碌,从联络站传递过来的指示几乎每天一次,大意是:这次罢工所提口号是"鸿生工人要吃饭""抵制洋货""政府要为鸿生厂做主"。

25年后,在全国政协工商业小组会上,刘鸿生是这样说的:

那次幸亏工人这么一闹,南京方面也知道了,出面与瑞典驻中国大使谈判,明确表态支持我们鸿生厂。那时,我觉得我们鸿生厂的工人蛮好的。我记得有一个叫小和尚的小赤佬,举着横幅站在市府大门口。后来当局让我出面做工人工作,让大家放心回去上班,说鸿生厂是不会倒的。

(摘自刘鸿生在全国工商联座谈会上的发言,1953年)

这次短暂的罢工,从一个侧面看,是帮了刘老板的大忙,之后鸿生厂的"宝塔牌"火柴产量翻番还供不应求,南洋订货翻了好几倍,连越南西贡都来函要求经销"宝塔牌"火柴;从另一个侧面看,也使工人了解到自己的力量,更多人愿意到夜校里来"听先生讲道理"。夜校一时间成了工人的主心骨,工人心里有气、有什么诉求,都愿意找夜校老师说。

到了冬天,另一场罢工却使刘老板大伤脑筋。因订单多,农历年只放1天(除夕),工人加班,厂方原先答应支付3元工资,可过了元宵节还不见发放。工人们议论纷纷,性子急的人去厂部交涉,答复是资金周转困难,等刘老板从香港回来后再说。鸿生厂的工人都指着几个加班工资开伙仓的,这一拖不知要拖到何时。

张阿春三兄弟是工人的主心骨,所以,一到夜校里,大家都来找他们商量办法。

张阿春心想,这一回要给厂方一点颜色看看,团结起来的工人不是好欺负的。为工人谋福利,这是共产党人应该去做的。经请示中心县委,同意鸿生厂支部的罢工计划。从农历正月十八日起,全厂罢工。一部分工人在厂部门口静坐,大部分工人则守在原岗位上停工。工人代表由张阿春率各车间1名师傅组成,负责与厂方交涉。其他党员不暴露身份,在幕后指挥。罢工持续了3天,取得完全胜利。刘鸿生从香港赶回苏州,答应工人代表提出的4点要求,大意是:1. 重新成立厂工会(1927年4月,苏州总工会被当局捣毁后,各厂工会相继停止工作),维护工人权益;2. 立即发放过年加班费,一个铜板不少,以后逢过年、中秋、冬至节加班要发加班费;3. 工人因工伤治疗期间工资照发,工伤认定由厂部与工会共同负责;4. 女工经期(2天)、哺乳期(每天上、下午各1小时)给予照顾。

刘老板虽然心有不甘,但最终还是皱皱眉头签字了。鸿生厂罢工斗争的胜利极大地鼓舞了周围的几个厂,以后苏纶厂、炼染厂工人的罢工都是受了鸿生厂工人运动的鼓舞。

鸿生厂的工人夜校红红火火开办着,吸引了更多的工人来上课。因为是刘老板答应的,所以夜校和工会不但恢复活动,还借用厂里一间仓库作为活动室。党支部的秘密会议也放在这里开。刘鸿生有时候思想也是颇为开通的,有一次还说过这样的话:"工厂是靠工人赚钞票的,工人是我们当老板的衣食父母,哪个老板对工人不好,我看等于不孝。"(据大中华火柴公司档案)他对工人下班后去搞工会活动一般不予干涉,还拨过两次经费。这就使鸿生厂的工会活动比其他厂更为热烈,也更有起色。

1927年9月,对于鸿生厂的党组织来说,无疑是一次致命打击。中共党的"八七"会议上,开始推行"左倾"冒险主义,设在上海的江苏省委号召"城市暴动"。正是在这种大背景下,苏州地下党在中吉由巷(今白塔东路)大乘庵内召开紧急会议,与会者20多人,鸿生厂由张阿春代表参加会议。会上要求在苏州组织城市暴动。其实当时的情形对革命已经非常不利,像苏州最早的党组织"独立支部"的负责人汪伯乐已牺牲,侯绍裘、许金元、叶天底都被捕入狱,总工会被查封,各厂工会几乎全部瘫痪。鸿生厂几个活跃分子,已经上了警局的黑名单。

但是,"城市暴动"的计划还是强行通过了:袭击警局的武器库;包围吴县(苏州)政府;发布告市民书,号召市民罢工罢商罢课。根据有把握的汇总统计,当时表示参加暴动的人数不足500人,原因是因为警局武器库守备严密,"内线"很难插进去;"暴动"计划已被泄漏;苏纶、鸿生、铁机等厂已由警局派出密探进驻;"暴动"领导层中有2人临阵脱逃不知去向。

"暴动"负责人周学熙向江苏省委陈述"暴动"的实际困难,未获允许,指令"暴动"事不宜迟。正当众人紧锣密鼓准备大干一场时,被当作"暴动"据点的大乘庵突然被警局团团包围,逮捕了11人。周学熙因事先得到"内线"通风报信,逃往丹阳乡下去了。鸿生厂的张阿春也潜往苏北乡下避风头。

一场酝酿半月之久的"城市暴动"流产了。且不说指挥部成员遭到逮捕,参与"暴动"的工人遭到厂方开除,"工运"就此停止,就是鸿生厂的党组织也暴露在警局的视线里。

张阿春、梁传贵躲在外面,暂时不能回厂。

1932年4月1日,从苏北悄悄回来的张阿春到大儒巷去与中心县委的同志接头。刚走近私人诊所门口,墙根里就蹿过来几个人,二话不说,就把张阿春按倒在地,用麻绳绑了——警局派来的便衣守候很久了,他被捕。当晚,梁传贵、吕和尚也分别在鸿生厂九号工房和吕的家中相继被捕。原来由于叛徒出卖,吴县中心县委遭到严重破坏。原吴县县委书记王伯奇叛变,供出所知的全部地下党员名单,计有40多人被捕。

次日,张、梁、吕三兄弟被囚车押送南京,关进老虎桥监狱。

过堂时,三兄弟抱拳站立,怒目对敌,破口大骂。

张阿春被用刑上"老虎凳",膝关节被拧得"咯吱咯吱"响,腿骨夹断了,痛得昏死过去,醒来后仍是把牙关咬紧,不说出鸿生厂其他党员的名字。

梁传贵被双手反绑吊在铁钩上,打手用一根烧红的烙铁去烫他胸脯,"嗞嗞"冒烟,换来的只是一声怒喝:"呸!狗日的!"

烧红的烙铁又像毒蛇一样咬了梁传贵一口,他大叫一声昏死过去。打手拎起一桶水兜头浇下,梁传贵苏醒过来后,还是骂声不迭:"狗日的!呸!"

吕和尚被绑在靠墙的立柱上,主审官对他说:"你比他俩年纪小,好日子还长着呢,你何苦误入邪路呢?"

吕和尚冷冷一笑,朝对方啐了一口唾沫:"滚!狗日的!"

主审官好像并不着恼,继续劝诫:"你是一个工人,赚钱养活自己,养活一家人才是根本,你跟着乱党瞎起哄能有好果子吃吗?"

"滚!滚!狗日的!"

"退一步说,我也不要你讲出鸿生厂地下党员都有谁,我只要你宣布脱离共产党,我就可以立刻释放你。"

"滚!滚!滚!狗日的!"

《国民党监狱纪事》中载有一位老看守的回忆:"苏州来的三个工人不像有知识的犯人一样会慷慨陈词,我只听见他们一个劲儿地在骂。他们相当坚强,好几次打得昏死过去,用冷水浇醒后还是骂。"

4月30日凌晨5时半,兄弟仨戴着脚镣,被一根拇指粗的麻绳互相拴连,推上警车直驰雨花台。那时,这里是国民党的杀场,许多革命先烈就是在这里英勇就义。

法警要用黑布把三人的眼睛蒙上,都被他们一把扯了下来。兄弟仨互相对望了一眼,好像还点了点头,带着微笑,哼着《国际歌》走向刑场:"起来,饥寒交迫的奴隶!起来,全世界受苦的人!满腔的热血已经沸腾,要做最后的斗争……"(见图11)

图 11　雨花台烈士雕像

对张阿春等人行刑的场面,《国民党监狱纪事》中有这样的叙述：

这三个人态度强硬。法警问他们最后有什么要留给家属的话,遭到他们的破口大骂。法警把他们推到一个高墩子前,他们挣扎着,一起唱着歌走过去,抬起头站立着,根本没有服软胆怯的表现。有个矮个子法警看见三人怒目圆睁的样子,吓得枪都掉在地下了,执行枪决时就把他换了下来。连珠枪声响起后,其中有两个人倒在了血泊里,还有一个人竟还站着,直到法警用枪托去捅了他一下才倒下来。

由于鸿生厂地下党支部遭到毁灭性破坏,工厂借机大批解雇工人,前后有86人被开除出厂。从1932年4月考工员王任之致大中华公司考工科的密件,可见当时厂内白色恐怖之一斑：

查本月一日下午十时许,有寄宿本厂二十九号工友十名,突为驻苏宪兵司令部派队会同公安第二分局,指为反动分子,悉数加以逮捕。经审讯结果,除张阿春、梁传贵、吕和尚三人确有关系外,其余七人尚无若何重大嫌疑,随准交保释放,弟由保人负随传随到之责。

当此事发生之翌日,本厂即揭示通告全厂工友,限制请假。规定其假期在一、二日者,仍按向办理,如有疾病或紧急事故,须请长假者,应提出相当证明,经厂方核准后,方可离厂。此项办法,原所以防止托故请假,借此远避者。乃不出所料,自三日起至六日止,各部工友之先后离厂者达二十余名,显系情虚避匿。本厂遂即连同捕去之工友十名,一并将其解雇。惟恐日后各该工人或有来厂骚扰滋事,并函请公安第三分局转呈总局备案,暨严密侦查其行动。一面对于在厂工友,限自即日起,于一星期内觅具妥保,并缴存二寸半身相片四张。而公安局方面则派来便衣警士五名,长期驻厂,严密侦查在厂工人之言行。其待遇照普通工人一律,使与工人接近,免滋疑虑,而便侦查。同时又另派侦缉队员数人,在厂外往来逡巡。在公安机关处置斯事,似已煞费苦心,不能谓为不周。但厂长、考工员为求釜底抽薪及除恶务尽计,主张两点:

一、请军警机关即以厂中工友发生反动分子为借口,即行强迫停工并解散工会后,于最短期间,重新招工开厂。对于老工友,则择优录用,其有素不安分之辈,由军警机关侦讯后,给资遣送回籍。

二、照常工作,亦不解散工会,仅由本厂将平日视为好事生非及行迹可疑者之姓名,秘密开单报告军警机关,由该机关将各该工友传讯后,遣送出境。此点比较平和而妥善。乃军警机关以后方治安为虑,一切举动,应出诸郑重,以免引起严重问题为辞,仅允饬属随时注意严密防范而已。故此事现已告一段落矣。

(摘自《大中华火柴公司档案》,转载自《鸿生厂志》)

上药间女徒工菊香(老工人在回忆时都记不得她姓啥了)是厂工会的积极分子,跟着张阿春等人上街撒过传单,警方扑到厂里要抓她。可就在半个钟头前,她在师傅们的掩护下从边门逃走了。从此杳无音讯,是死是活都没人知道。

据76岁的女工陈玉珍回忆:"菊香是我送走的,我记得那天傍晚飘着雨,我和她每人披了件蓑衣,戴着斗笠,一直心急慌忙地往南跑,穿过了一片坟地,沿着稻田中间的田埂一直往南跑,跑到了宝带桥那里。我看见运河边停了条装黄沙的船,就给了船老大一个大洋,求人家把菊香带出苏州城。小姑娘很可怜,流着眼泪拉住我的手说:'师傅,您的救命之恩,我今生今世不会忘记的。'我把剩下的一个大洋塞给她,让她赶快上船躲起来。她要去的浙江诸暨乡下,那儿是我的老舅家,她可以到我老舅家去避避风头。送走菊香后,我就没了她的消息。后来,我回老家,老舅对我说是有个小姑娘来住过几天,后来就说出去找活干了。"

新中国成立后,鸿生厂重新编录工人名册,登记的人指着菊香的名字问陈师傅,这个人去哪里了?陈师傅也说不清楚。有人说这个菊香好像是个孤儿,在苏州城里没有亲眷,她去了哪里,真的没人晓得。

说也巧了,1977年,鸿生厂的陆师傅等几个工友相约去浙江诸暨旅游,竟会在慈云庵遇见菊香!她穿着浅灰色的僧袍,盘腿坐在蒲团上,左手捻着佛珠,眼睛半闭半合。陆师傅回忆说,他当时一看这个师太,虽然满面皱纹,但面相还是认得的,怀疑就是从鸿生厂逃走的菊香。可是,师太冷冷地看了陆师傅他们一眼,双手合十呼了声佛号"阿弥陀佛",缓缓地对陆师傅说:"我不叫菊香,叫慧静。施主,你认错人了。"

陆师傅说他绝对不可能认错的,菊香左眉梢上有一颗黄豆大的痣,鸿生厂好多师傅都知道。他想,菊香从鸿生厂逃走后,可能就流落到浙江,幸遇老尼收留了她。他还想问个究竟,那个叫"慧静"的老尼就走进庵堂内室里去了。这一相隔竟是近半个世纪!

陆师傅不知道菊香在新中国成立后为啥还不肯回厂,他无法揭开这个人生的谜底。每一个人选择最终归宿都是有其理由的。在他看来青灯寒月、晨钟暮鼓的日子难以忍受,但或许这恰恰是菊香所梦寐以求的宁静家园呢。

那一年,被追捕的工人出走了,大老板刘鸿生也被警局约见去"说清楚"。

1939年7月,刘鸿生转道越南海防市飞往"陪都"重庆。抵渝的第二天,蒋介石设宴款待同乡刘鸿生。席间,蒋还提起当年鸿生厂出了几个闹事的"共党分子",责怪刘治厂不严。刘鸿生唯唯诺诺诚惶诚恐,说自己很少去苏州鸿生厂,乃"失责之过",以后当"严密防范,勿使捣乱分子有可乘之机"。

万家墨面没蒿莱,敢有歌吟动地哀。

工会被撤销了,夜校停办了,所有的小组活动都受到严密控制,就连三五人聚在一起说话,背后都有监视的眼睛。鸿生厂陷入前所未有的恐怖和冷寂之中。

民族大义重千斤

山雨欲来风满楼。

鸿生厂死气沉沉的一潭死水,很快就被外界的疾风骤雨搅乱了。

1937年的秋天,注定是一个多事之秋,风声一天比一天紧,坏消息铺天盖地。

装药车间、包装车间的工人们早就聚在一起,不安地议论着当前的局势:东洋人会不会真的打到苏州来?工厂一连停工两天了,搞得人心惶惶的。

那天,账房先生老金起个大早赶到厂里,多年来他总是提前半点钟进厂门。他在账房间里做了十来年了,算得上是老账房了。等到上班时间,却发现没人来。过了一会,门房来告知他,厂长通知这几天风声紧,工厂不开工了。

工人、职员都三三两两聚到一起,交换着各自从不同渠道得到的消息。

自从日本飞机8月15日在阊门、观前街等处扔下几颗炸弹后,姑苏城里乱纷纷,流言四起,好的、坏的,各种消息满天飞。有的说日本人被阻挡在吴淞口,挂着太阳旗的军舰被炸沉了十几艘;有的说日军已在金山卫登陆,从太仓、常熟、吴江三面包抄过来了。苏州《明报》上的说法也是一会儿"胜利挺进",一会儿"战略转移"。鸿生厂的员工有乡下亲戚的就逃往乡下去了,老金有个远房婶婶家在光福,从工厂回家后,就卷了铺盖去光福避难了。没有乡下亲戚的只能蜗居在鸿生里狭小的工棚里听天由命了。

日机轰炸一天比一天惨烈,开始轰炸苏城时投下的是100磅的炸弹,杀伤力不大,携带炸弹的是木更津式轰炸机,要俯冲下来才能投弹,人们可以向相背的方向逃避;之后,改用德国造的黑色巨型轰炸机,投下的是1000磅的炸弹,弹坑深达五六米,坑面直径有10多米,毁坏力极大。据当时的《民国档案》记载,日军轰炸机在苏城投下炸弹约4500枚,死伤平民数千,破坏街市房舍5000余间。

1937年11月19日凌晨4时,日军先头部队进抵苏州东郊娄门、葑门一带。

上午9时,日军第九师团一部扛着上了刺刀的枪,气势汹汹地由平门入城。

下午2时,日军另一部则由娄门进城。

数日后,鸿生厂的几座车间里就住了一个小队日本兵,军马就拴在机器铁架上。

在日本军队尚未登陆前,刘鸿生就很少来苏州了。正是民族生死存亡的危难时刻,他挺身而出,参加上海各界抗敌后援会,慷慨激昂地发表演讲:

国难当头,我等岂能坐视!战争掀起,要我毁家纾难,也在所不惜!

我是资本家,但我首先是中国人!中国人就应该团结起来,人不分贫富,地不分南北,同仇敌忾,共赴国难!

我中华民族四万万同胞绝不是好欺负的,我们决不俯首称臣!

我刘鸿生纵然倾家荡产,也决不后退半步!

(原载《申报》1937年7月5日)

他以中国红十字会会长的身份,兼任上海市伤兵救护会会长、上海市抗战物资供应委员会总干事,全力以赴支持抗战,根本无暇顾及自己的企业。像章华纺织厂、上海水泥厂、中华煤球厂、鸿生火柴厂等在沦陷前都没来得及做好撤退的准备。

说实在的,刘鸿生曾想过托庇洋商保护,留在上海租界里观望时局变化,毕竟家大业大,要想全部"撤退"谈何容易,但时局不断恶化,朝不谋夕,容不得他犹豫不决。

日商三井、三菱、燧生火柴先后派员至刘府来说服刘鸿生,照例是胡萝卜加大棒,逼他与日本人合作,开出的合作条件非常优惠。比如鸿生火柴厂可以继续生产经营,维持原有的市场份额,如超出部分则须贴日商火柴商标,所得利润与日商按4∶6比例分配,鸿生厂得四成,日商得六成。如果全部换成日商商标,那么,鸿生厂所得利润全部划归刘鸿生的名下。

那是一个阴雨凄惨的黄昏,位于上海四川中路上的刘公馆来了不速之客。此人叫植田贤次郎,是个中国通,不仅对中国历史相当熟悉,而且说得一口流利的中国话。他是刘鸿生以前做煤炭生意时结识的朋友,在生意上有过几次合作。他这次上门可不是来叙旧的,而是以日本军部名义来劝降的。

植田说:"我记得中国人是很推崇关云长的义气的,关云长被曹军困在土山上,最后也归降了曹操。"

刘鸿生说:"那是权宜之计,君不闻关云长挂金封印、过五关斩六将、千里走单骑的故事吗?"

"中国古人就讲识时务者为俊杰,此时正是像鸿生兄这样的俊杰在上海滩上大展宏图的时候啊,再说苏州的鸿生火柴厂也等着开业嘛。"

"困难当头,我无心经营。"

"过虑了,鸿生兄,我们都是生意人,赚钱是第一位的,在哪儿发财都是一样的。"

"我不这样想。我是做生意的,可我不能不顾廉耻,毕竟我是中国人。"

"这么说,鸿生兄是不愿与我们合作啦?"

"我宁可关掉所有的工厂,也不会与你们合作的。"

"其实不要你为我们做什么,你就出来担任上海总商会的会长,把市面稳定下来,大家都好嘛。"

"恕难从命!"

劝降碰了个钉子,相聚不欢而散。植田有点恼怒,但碍于刘鸿生毕竟是上海工商界举足轻重的人物,又住在租界里,所以也不敢太放肆。

战争状况越来越险恶,周边环境也令人越来越恐慌。刘公馆外不时有人故意放上一两枪,以此来恫吓他。家人都劝刘鸿生赶快离开上海。刘鸿生叹了一口气,摇摇头说再看看吧,不知道苏州鸿生厂的情况怎么样。

一天,刘鸿生坐车经过静安寺,突然从弄堂里蹿出一个穿宽袖黑衣的壮汉,奔着他的"奥斯汀"撞过来,司机紧急刹车。刘鸿生摇下车窗正要探头去询问,只见壮汉一个鹞子翻身跳起来,随手飞过来一把闪着寒光的匕首,坐在旁边的保镖眼明手快用手去挡,匕首扎中下臂。刘鸿生幸免于难。租界巡捕赶到,凶手已逃之夭夭。这件事在《申报》上披露后,商界朋友都劝刘鸿生赶快离开是非之地的十里洋场。

过了两天,趁风高月黑时,刘鸿生经过化装,带了两个保镖,从公馆后门坐黄包车出走,秘密登上俄罗斯"皇后号"邮轮,神情黯然地离开他苦心经营20多年的上海产业,出走香港。

1939年,刘鸿生经越南海防飞往"陪都"重庆,希望在后方能拓展自己的业务。到达重庆的第二天,蒋介石设便宴招待同乡刘鸿生,对刘鸿生慷慨赴难的义举大加赞赏,表示刘鸿生在沿海沦陷区总值3500万元的资产,待抗战胜利后全部由国民政府负责归还。

蒋介石说:"你刘鸿生受任于战乱之时,奉命于国家危难之际,我中正是不会忘记你的。"

刘鸿生说:"国家兴亡,匹夫有责,我岂能作壁上观。"

蒋介石说:"好好,你可以在后方重整旗鼓,不要有顾虑,放开手脚去做。"

刘鸿生有了蒋介石这支令箭,信心大振。他先后在贵州、云南一带兴建中小型火柴厂,在兰州创建了西北毛纺织厂和西北洗毛厂,以后又在重庆成立中国火柴原料公司,在贵阳建氯酸钾厂,在昆明和海口建磷厂。所有这些企业,尽管经济效益很好,如火柴厂及毛纺织厂的产品几乎垄断了全部后方市场,企业利润逐年上升,但在大后方立足,刘氏企业没有更多资金注入,不得不仰赖官僚资本的支持,就像借了高利贷一样,每一次增资,刘家的资本就被削弱一次,各个公司的董事长也相继为四大家族所控制。

那些人给我们刘氏企业注资,就像是往我头上套绳索,而且越勒越紧。注资的利息简直就是高利贷,利滚利,我们刘家的所有资产等于白白奉送给他们。我们变成一个个微不足道的小股东。我刘鸿生名义上是总经理,也变成了他们的小伙计。

(摘自1952年刘鸿生在全国工商联小组会上的发言)

那些日子里,刘鸿生气急胸闷,却又无可奈何。傍晚,他常常临窗而立,远眺滔滔东去的长江,思念着在江南的刘氏企业,尤其是以自己名字命名的鸿生火柴厂。

日暮乡关何处是?烟波江上使人愁。

就在这时,从敌占区的苏州传来一个惊人消息:鸿生火柴厂加入了由日本人掌控的火柴联营社!

"鸿生厂出了汉奸!出了卖主求荣的大汉奸!"

刘鸿生怒不可遏,奈何鞭长莫及,气得摔破了桌上的一只花瓶。

我刘家人是堂堂正正的中国人,怎么可以背靠日本人去做生意啊!我当时一听说鸿生火柴厂与日本人勾勾搭搭,气得几天几夜没有睡好觉。我刘鸿生就是穷到再去跑街,也绝不会与日本人有一文钱的往来。一个人什么都可以丧失,就是不能丧失民族气节!岳飞、文天祥,这些古代的仁人志士,就是我的楷模。

(摘自1953年刘鸿生在全国工商联小组会上的发言)

刘鸿生曾两次委派亲属去苏州,找到当时鸿生厂的负责人,试图说服他不要去与日本人合作,但对方面露难色,似有难言之隐。

无论是胁迫还是顺从,都木已成舟,鸿生火柴厂误上了贼船。

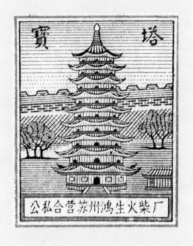

第三章

搏击风浪

（1938—1945 年）

第三章

国家危难

（1938—1945 年）

误上了贼船

1937年11月23日,日军以富井部队为首,举行入城仪式。日本士兵托着上好刺刀的步枪,整队正步入城。军号声,呼喊声,一阵接着一阵。马路两边是伪政权的维持会组织的一些老百姓,拿着发下来的小旗,站在马路两边摇旗欢迎。

也就在这几天里,苏州功德林老板何桂芳、青帮头目夏啸乐等人组织了9个掩埋队,分赴阊、胥、金、盘、齐、娄、葑、平、相九城门里外搜寻无人收殓的遇难者遗体,10天内共掩埋尸体6870具。之后,苏城内大规模杀掠虽然停下来了,但日军小规模的破坏时有发生。

千年古城在战乱和动荡不安中惶惶然过了一个多月,至年底时,伪政权所建立的各业维持会出来"维持"社会秩序了。其中工商业维持会以通告形式发布:

值此战乱已告停息之时,本会同仁敬告工商业者,尽快恢复生产,复现姑苏商市之繁荣,诚为民生所计,民情所望。百姓安居乐业,是本会之所愿,亦为所有工商业者之所愿,所言切切。务盼早日开工,以慰百姓之望。

(摘自《苏州史志》)

据地方志记载,这时上海租界和四乡有不少人移居苏州,太监弄、北局及周边市面很快得以恢复,一时呈现畸形的繁华景象。至第二年春,到太监弄择址开业的有三和菜馆、味雅菜馆、上海老正兴、苏州老正兴、新新菜饭店、功德林素菜馆、大东粥店、大春楼面店及清真馆等,再加上熟食摊贩昼夜不绝,沿街叫卖熏鱼、爆虾、猪耳朵、猪肠、马兰头等风味小吃,夜宵更是格外热闹。(见图12)

当时,华东一带的火柴厂,均已在日方控制之下。鸿生厂区内的日军士兵陆续撤走了,大门紧闭,少数工人开始回厂整理。由于各厂损失很大,工人失业,再不开工,工厂就有倒闭的危险。在这种情势下,经维持会再三劝说,鸿生厂被迫加入日伪组织的火柴联营社,工厂管理、业务等由刘鸿生的心腹戚福铭出面维持,由王守义担任厂长。

鸿生厂致日本驻上海领事馆复业申请书是这样写的:

图 12　日伪时期的苏州太监弄

一、公司名称：大中华火柴股份有限公司

二、工厂地址：苏州胥门外泰让桥南堍

三、厂长姓名：王守义

四、职员人数：二十六人

五、男工人数：二百四十四人

　　女工人数：四百三十三人

六、动力情况：25 匹马力柴油机 1 台

七、预定复业时间，经得到个别许可已于五月十九日复业

八、资本额：国币五十五万元

上述工厂一向加入中日合作之中华全国火柴产销联营社，今后仍将继续入社。现该厂希望复业，务请批准。

中华全国火柴产销联营社特为副署，并提出申请

（摘自《鸿生厂志》）

据 1939 年 4 月 4 日联营社上海分社记载，日本人委任松尾、甲谷为驻鸿生厂查核员。从此，鸿生厂产销由日本军界、商界所控制，直到 1942 年才与联营社脱钩，回归大中华火柴公司。鸿生厂制梗部分后迁往上海，成为单一生产火柴的工厂。生产火柴的原料氯酸钾受日本人控制，就像关进笼子里的小鸟，怎么折腾也逃不出日本人的控制。工厂生产长期吃

不饱,日产仅432件,为抗战前的三分之一,不少车间几乎处于半停产状态。最少的工种一年只开工83天,产销困难,工人生活极为艰难。

为生存而艰难抗争

1939年夏,筛白药的工人李奎下班回家点火生炉子,因衣袖中沉有少量白药粉屑,"嘭"地一声燃烧起来,浑身被火苗包裹,四肢、肩背被严重烧伤,经博习医院抢救后才脱离生命危险。厂里垫付初诊费后就不管不问了。李奎的老婆拿着医院的催账单来找厂里,求厂里能给支点救命钱。松尾大为光火,呵斥说工人在厂外发生事故,厂里一概不管。他吩咐门卫以后不准这个女人进厂门。可怜的女人只能天天坐在厂门口,举着李奎被烧成碎片的工装,向进出厂门的工人泣诉:"可怜我们一家五口人吧,锅都揭不开来了⋯⋯"

鸿生工人无不感到寒心,好心人就含着眼泪给泣跪的女人十几个铜板。

鸿生厂有个绰号叫"黑皮"的小伙子,长得人高马大,胆子也特别大。那一年夏天刮台风把他家那个茅草棚吹塌了,要重新翻盖茅草屋,缺少一点木料。他想到了仓库后面的护城河里漂满了鸿生厂的木排,就趁半夜里人散灯熄时溜到河边来偷一根细木头。刚刚把绑住木排的铁丝松开,抽出一根细木头,就听后面大喝一声,一道电筒光射了过来。他吓得跳上岸想逃,被值夜的几个人揪住了,绳捆索绑押回厂里来。

第二天,松尾不问青红皂白,立刻打电话向警局报警。

黑皮以盗窃罪被警察铐走了,关进了伪政权的治安队。黑皮进去时还是一个壮实的小伙子,半年后放出来时已是骨瘦如柴,挂着两条伤腿回家的。

鸿生工人都同情黑皮的悲惨遭遇,把一腔怒火朝向驻场的两个日本人。

1940年,日本帝国主义加紧对中国财富的掠夺,尤其是对火柴原材料的控制更严。4月23日,鸿生厂又因氯酸钾供应中断,准备在25日停工,停工津贴男工仅有2角5分,女工1角5分。消息传来,工人义愤填膺。哪里有压迫,哪里就有反抗。愤怒的工人纷纷走出车间,涌到写字楼前,爆发了震惊苏城的声势浩大的罢工斗争,斗争矛头直指进驻鸿生厂的日本查核员松尾、甲谷及工厂老板,喊出的口号是:"我们要生活,要吃饭!""中国人管中国人!""我们不做奴隶!""团结起来争权益!"

苏纶厂、嘉美克纽扣厂、太和面粉厂的部分工人闻声后,在地下党的串联下,一下班就来声援鸿生厂工人的罢工斗争。

躲在写字楼里的松尾从楼窗里目睹黑压压的抗议人群,又气又急,上蹿下跳,不时地捶桌子。甲谷看上去比松尾和善,这个矮胖的日本人,留两撇小胡子,见人总是笑眯眯的,可使出的招术也阴毒得很。罢工中有个领头的工人,绰号叫"小癞痢",为人仗义,也很有胆量。日本兵驻扎在鸿生厂里时,有一匹军马突然暴毙,日本兵气得暴跳如雷,发誓要抓住凶手"死啦死啦的",可惜闹腾了数天,连个鬼影子都没有发现。有人说是小癞痢半夜翻墙入厂,给军马下的毒。小癞痢听后"嘿嘿"一笑,不说是也不说不是。罢工开始后,小癞痢忙前忙后,还带头到日本领事馆提交过抗议书。

甲谷认识这个叫小癞痢的中国工人,得知他的老娘长年卧病在床。那天傍晚,就带了两个人来到蜗居在鸿生里的小癞痢家里,递上两听日本饼干,还在桌上排出5个大洋,说是来慰劳小癞痢的老娘。话题一转,甲谷就跟小癞痢套近乎,叹起了苦经,说我们日本人漂洋过海到中国来是帮助中国人过上好日子的,我甲谷到鸿生厂快半年了,一天也没有休息过,就是想建立我们"东亚共荣"的新秩序。罢工对劳资双方都不好,厂方赚不到钱了,工人的生活来源也断了。甲谷希望小癞痢能带个头劝说工人回厂复工。

小癞痢一口回绝,斩钉截铁地说:"厂方如果不答应罢工条件,就绝不复工!"

甲谷再三好言相劝,意思是说只要你能劝说工人复工,我和松尾保证提升你做工长,工钱下月起就可以翻倍。

小癞痢冷冷一笑,摇摇头。

甲谷见不能说服小癞痢,无奈地摆摆手,带着手下人灰溜溜走了。

过了两天,罢工工人忽然发现小癞痢这天没到场,这几天他几乎天天是早出晚归的,到鸿生里一问,说小痢痢一早就出去了,到天黑后还没有回来。后来,经过再三打听,才知道小痢痢被关进了日本宪兵队,证据是甲谷提供的一张反日传单,说是从小痢痢家里查抄到的。鸿生厂工人知道这是栽赃陷害,就到汪伪省政府门口示威,得到了市民的支持,示威的人群越聚越多。迫于压力,日本宪兵队释放了小痢痢,不过是4个工人用竹榻抬出来的,他被打得浑身是伤,说话也很困难。

罢工工人怒不可遏,发起对松尾、甲谷的公开谴责,高呼:"日本人滚出去!"

全厂506名工人团结一致,在肖阿三等人的带领下,冲进厂部办公楼,占领了事务所(账房间)。松尾向日本领事馆求救。27日下午2时半,日本租界派出所的前田、海和等人指挥6名中国警察持枪冲进厂里,晒台上架了一挺机关枪,对准手无寸铁的罢工工人。

面对黑洞洞的枪口,鸿生工人英勇不屈,没有一个后退的,坚持不答应条件决不复工。曾经参加罢工的李师傅说:"当时我只有19岁,看到日本人这么凶,我心里也很害怕。但是我看到师傅们都紧紧靠在一起,都护着我们小徒弟,我就不惧怕了,反正生不如死,不如和狗日的拼了!"

就在这时,部分罢工工人和把持厂门的警察发生肢体冲突。厂门外,附近几个厂的工人都闻讯赶来声援,黑压压聚成一大片。松尾眼看工人人数众多不易对付,又去搬救兵。日本领事馆随即调来宪兵队安腾、阔闭、七屈等7人,端着枪包围罢工工人。

工人们质问对方:"我们犯了什么罪,为什么要拿枪对着我们!"

宪兵队抓走了肖阿三等6名工人代表。愤怒的工人跟在后面高声呼叫:"不放回代表,不答应条件决不复工!""中国人团结起来!"部分工人随后包围宪兵队,强烈要求放人。很多市民参与进来,声援罢工工人。上海《申报》记者也闻讯赶来了,发出了罢工消息。这场罢工潮的声势越来越大,汪伪政府一看形势不妙,害怕事态进一步扩大,最后引起大规模暴动就难办了。当时的苏州作为汪伪省政府所在地,一向标榜是"模范地区"。所以,宪兵队被迫释放了工人代表。厂方答应罢工期间的工资按每天男工1角5分、女工1角的标准发放。罢工所提加薪条件由劳资双方协商适当上调,这才使罢工风波暂时平息下来。

之后,日本人就把松尾、甲谷调走了,再没有派人进厂查核了。

地火在地下运行,或者爆发,或者死亡。

鸿生厂的工人夜校虽已停办了,但部分青年工人吃过夜饭还常常到鸿生里来聚会,说说厂里厂外的事。当时,有一首讽刺歌谣《稀奇歌》就流行在青年工人中间,以表达他们对社会的不满情绪:

    稀奇稀奇真稀奇,灶王爷跌在烟囱里。
    稀奇稀奇真稀奇,活人躺在棺材里。
    稀奇稀奇真稀奇,黄狗披张麒麟皮。
    稀奇稀奇真稀奇,拔了毛的凤凰不如鸡。
    稀奇稀奇真稀奇,黄鼠狼割肉喂小鸡。
    稀奇稀奇真稀奇,冬瓜长在茄门里。
    稀奇稀奇真稀奇,及第进士不识字。
    稀奇稀奇真稀奇,阎王爷反被小鬼欺。
    稀奇稀奇真稀奇,八仙桌装在袋袋里。
    稀奇稀奇真稀奇,老鼠咬断猫肚皮。
    稀奇稀奇真稀奇,大船翻在阴沟里。
    稀奇稀奇真稀奇,床脚底下放鹞子。
    稀奇稀奇真稀奇,枯井落在吊桶里。
    稀奇稀奇真稀奇,张果老倒骑毛驴子。
    稀奇稀奇真稀奇,强盗吃斋穿僧衣。
    稀奇稀奇真稀奇,陈皇后狸猫换太子。
    稀奇稀奇真稀奇,正人君子宿娼妓。
    稀奇稀奇真稀奇,尼姑庵里养儿子。
    稀奇稀奇真稀奇,咸鱼翻身游进太湖里。
    稀奇稀奇真稀奇,得胜将军扛白旗。
    稀奇稀奇真稀奇,冷锅里爆出热栗子。
    稀奇稀奇真稀奇,泥鳅推倒白公堤。
    稀奇稀奇真稀奇,猢狲戴帽装神气。
    稀奇稀奇真稀奇,虎落平阳被犬欺。

稀奇稀奇真稀奇,皇榜贴到茅坑里。

稀奇稀奇真稀奇,酒鬼淹死在酒瓮里。

稀奇稀奇真稀奇,公公做了驸马爷。

稀奇稀奇真稀奇,陈世美铡了包黑子。

稀奇稀奇真稀奇,癞蛤蟆鼓气吹牛皮。

稀奇稀奇真稀奇,桃树上结出黄梅子。

稀奇稀奇真稀奇,吕洞宾反遭恶犬欺。

稀奇稀奇真稀奇,媒婆包养胖儿子。

稀奇稀奇真稀奇,水牛断角马失蹄。

稀奇稀奇真稀奇,一根灯草做了上吊绳子。

稀奇稀奇真稀奇,婊子牌坊竖在祠堂里。

稀奇稀奇真稀奇,何仙姑嫁给韩湘子。

稀奇稀奇真稀奇,财主露宿街头讨柴米。

稀奇稀奇真稀奇,脱了裤子放犬屁。

（摘自1940年5月7日《申报》）

稀奇的社会,沉重的压迫,苛刻的剥削,工人们为生存而艰难抗争,迟早会触发新的更为激烈的对抗。

饥寒交迫的日子

1942年1月4日,装盒部的工长王某以"偷窃火柴"为名上报厂部开除女工彭戴氏。彭戴氏平时不言不语的,干活挺卖力,人缘也比较好,可是王某总嫌她碍手碍脚,横竖看她不顺眼。这件事像一颗火星落在了干柴堆里,很快在工人中燃起仇恨的烈火。黄连苦瓜味难分,工人阶级一条心。受苦受难的工人弟兄平时就看不惯这些狗仗人势的工头,这些资本家的狗腿子成了工人们发泄仇恨的对象。6日早晨,王某在从家中去工厂的路上,突然被两个化装成工人的汉子拦住去路,汉子手里都拿着竹节钢条,王某一看汉子脸色铁青就知道大事不妙,忙堆起笑脸说:"两位好汉,有事好商量。"

汉子横了王某一眼,举起钢条就打。

王某苦苦哀求,但汉子并不松手,直到打断了他的一条腿才罢手。

临了,狠狠扔下一句话:"你要停人家的生意,不给人家吃饭,那就要让你尝尝钢条的滋味!"

王某暗暗叫苦,这一顿打,足足让他在床上躺了3个月。

据《鸿生厂志》记载,在汪伪统治时期,像这样的明里暗里大大小小的反抗行为,在鸿生厂至少发生过30次,而1944年春天发生的为调整工资待遇而进行的罢工斗争,则是规模更大、影响更广的一次工人运动。

这是8年抗日战争胜利的前夕,寒凝大地已经吹来一丝暖风。

当时任鸿生厂厂长的任应千考虑到物价飞涨的因素和工人的普遍诉求,给大中华火柴公司制造科去函:

奉命依照杭厂(杭州光华火柴厂)办法调整工资,经迭次召集工会负责人谈话,其结果仍未能获得赞同。因本厂调整工资,系照现在工资加三倍(即最低工资十一元者可得四十四元,照目前米贴五十余元,则每日可得百元。普通者每日可得一百二十元光景,较诸杭厂不相上下)。停工时津贴,男工二十元,女工十元,工会方面坚持工资须加四倍(即最低工资每日十一元者增为五十五元),米贴照给,停工期间,仍须依照向例办理。

(摘自《大中华火柴公司档案》,转载自《鸿生厂志》)

任应千的函件得不到公司支持,在3月23日的复函中,大中华公司制造科未予明确答复,抱着能拖则拖的想法,只是转去了吴县火柴业工会的信函以敷衍搪塞:

近来百物飞涨,工友生计难维,请求厂方增加工资四倍,以维现状并附带其他要求改善待遇各点等情。当经本会据请函请鸿生厂查照办理去后,嗣蒙厂长召集本会各代表到厂谈话,互商之下,不特对于增加工资及附带要求各点未有圆满结果,抑且反将过去工人断料时原有米贴待遇办法,突然无故取消,今后仅允酌给津贴。各代表等即将接洽经过转告全体会员。众工友闻悉之后,莫不大起恐慌,几乎激起纠纷。本由各负责人当场苦劝,嘱各静候上级机关秉公解决。所有最近情形,理合紧急呈报,恳请钧会迅赐救济。等情,据此,当经本会派员赴该会调查经过,据该会众工友报告毕,对于请求增加工资四倍及附带要求改善各项,意志非常坚决。而对于厂方无故革除后有米贴一层,尤为不堪压迫,群情愤激异常,敦请迅予救济,不达目的不止等情……

(摘自《大中华火柴公司档案》,转载自《鸿生厂志》)

吴县火柴业工会的信函中反映的确是实情。这一年,日本人在各个战场遭受重创,已是强弩之末,汪伪政府深知前途黯淡,处于风雨飘摇之中。市场恐慌,物价连连上涨。鸿生厂的工人已经到了入不敷出、饥寒交迫的地步!

据76岁的王阿大回忆说:

我家上有老下有小,全家七口人,就靠我一个人的工资过活。家里的米缸半个月是空的,就是顿顿吃粥也难以维持。没办法,每天晚上就到太监弄(苏州的传统美食街)的大饭店后门口去等饭店里倒出来的泔脚水,捞里面的剩菜剩饭。那时候来捞泔脚水的穷人真多,一桶泔脚水提出来,就有十多人一哄而上,有用碗舀的,也有用脸盆捞的。就是这样,日子也没办法过下去。鸿生厂由于原料供应不上,三天两头停工,老板只肯发一点补贴,只能买2副大饼油条。我没办法,就把最小的女儿送给人家了。送走的时候才3岁,小因好像懂事似的,抓住娘的衣襟不肯松手,那个凄惨的场景,我至今也难忘记。

(据1998年采访记录)

82岁的陈香妹也说:

我在鸿生厂排板车间里做活,那年头开工十有九不足。屋漏偏遇连阴雨,婆婆出门摔了一跤,把大腿骨摔断了。我们把她抬到天赐庄博习医院(今苏大附一院前身)去看西医,前后花掉了20多个大洋。家里哪来的钱啊,就去借高利贷,3分利(月息6个大洋),是问青旸地一户姓金的地主人家借的。后来,我实在还不出钱,金姓地主就叫来几个讨债人天天上门讨债,我和老男人想逃出去躲债,可是婆婆的腿骨还没好利索,没办法,只能把最小的儿子典给人家,换来的钱去还高利贷。婆婆听说小孙子没了,又气又急,一天夜里,就用裤带绑在床架子上把自己勒死了。那时候,鸿生厂的工人日子过得太苦了。

(据1998年采访记录)

年过七旬的过大爷年轻时是鸿生厂写字楼里的"白领",他回忆道:

说出来也坍台,那一年冬天,落了点雪,我的亲眷从上海下来看我,深一脚浅一脚地磨到我家时,已是吃午饭的时光了。我拉着他的手进屋里,关照家主婆(妻子)赶紧去烧饭。三个小囡窝在被窝里还没起来,因为落雪天冷,被窝里暖热,还省一顿中饭呢。

我家是一间平房,不大,窗子很小,有一扇门总是关不上,用门栓在后面顶着。屋内摆两只床,一只棕帮床,大冬天的还垂着帐子,白纱帐黑乎乎的,帐门破了就用橡皮胶粘住;一只是用木板搭出来的床。一张吃饭的方桌,搬家时撞断了一条腿,垫砖头支撑着。

那年头日脚(日子)不好过哇。家里的米缸已经空了,没办法,家主婆就到隔壁人家去借了一碗米,烧了一顿午饭,端出一碗雪里蕻、一盘腊肉片招待客人。亲眷看到我的窘境,眼泪都出来了,临走时无论如何要留下20元钱给我,我无论如何不肯收。亲眷生气了,骂我:"你怎么不替小囡想想,饿得眼睛都发绿了,还死要面子活受罪啊。罢了,算我借你的,等你有钱就还我吧。"

亲眷走了,这笔账我一直记着,我是个要面子的人,无论如何要还钱的。这句话一拖就拖了5年多,直到解放后才还掉亲眷这20元救命钱。

(据1998年采访记录)

挡不住的怒火爆发了

压迫愈深,反抗愈烈,尤其是听说大中华公司对工人的诉求置之不理时,工人们的满腔怒火终于爆发了!这场从1945年12月一直延续到1946年6月的断断续续的罢工斗争,持续时间长,此起彼伏,既有分散的抗议,又有集中的诉求,其中常来鸿生厂穿针引线的就是设在针织厂的地下党负责人孔令宗。

针织厂作为苏州中共地下党的秘密联络点,一直坚持到新中国成立前夕。40年后,也就是1988年,孔令宗已是71岁高龄,从市总工会退休

的他回忆起当时的历史,还特别强调说:

> 鸿生厂的工人当时确实是忍无可忍才罢工的。很多人家都活不下去了,不站出来与资本家斗,就没有活路。吴县中心县委要我潜入鸿生厂去团结罢工骨干分子,要他们只提经济诉求,不提政治口号,这样汪伪警局就拿工人没办法。我记得召集5个人在鸿生里开过两次会。我传达了地下党的意见,只要资本家不答应条件,罢工就不能停,但考虑到工人的实际生活,不宜全面罢工,可采用分车间罢工的办法,一直搞下去,搞得资本家心神不宁。所以,那次罢工搞了半年多时间。

(据1998年采访记录)

从《鸿生厂志》中大致也可以看出这次罢工断断续续的特点。

1945年12月底,部分工人提出要求恢复抗战前的工资待遇。资本家拒不接受,丝毫没有谈判的余地,说一切要等到过了农历年初五再说。工人们耐下性子等到年初五,再次要求资本家按照惯例于初九开工或者恢复断料停工的米贴,但资本家吩咐保安一面贴出停发断料停工津贴的布告,一面将厂门紧闭。工人们等到初十(1946年2月11日)还不见厂里要开工,实在等不及了,愤怒的人群一齐涌到厂门口要求进厂。资本家仍旧关照不准开门。工人薛金龙忍无可忍,大声责问:"我们工人既不是贼又不是强盗,为啥不让我们进厂!"

这话被一个姓平的工头听见了,他密告厂方,指薛金龙为首"煽动工潮"。

工人们见大门进不去,就改从后门进了厂。资本家赶紧买通吴县县政府社会科一个姓陆的科长,叫来两马车的警察,枪上都装上刺刀,杀气腾腾扑进厂里,理由是"赤匪煽动工潮"。厂方仗势欺人,一面在厂门上贴上封条,一面威胁要开除薛金龙等工人,把他们统统抓进牢里去。

工人们不惧恫吓,肩并肩聚成一团,与警察对峙,足有半天时间。吴县县政府一看大事不妙,生怕闹出大事来,就把警察撤走了。资本家一看自己的靠山溜走了,而工人们依然不肯散去,没办法,就让工人派代表到写字间里谈判。谈判结果是同意增加工资,在一周内复工。

到了1946年2月28日,鸿生厂在致吴县商会整理委员会的函件中对上述事件做了结论:

敝厂工人最近以要求增加工资,经两度谈判,未能遂其欲望,即放弃正当手续,突然发生暴动,毁坏门窗玻璃,并殴打门警察。经当地警所县保安队派警军镇压,并由县府社会科陆科长亲自到厂调解,兹已完全解决。关于工资部分,系根据民国二十六年(1937年)工价,依照现在米价计算。如果米价一万元,则工资增为一千倍;米价一万五千元,则增加一千五百倍。米价跌落,工资随之增减(即工人每日可得米几升为原则)。

关于暴动部分为:(1)解雇主动及行凶者二人;(2)被毁玻璃由工会配好;(3)由工会书面道歉,保证以后不再发生同样事件。

(摘自《鸿生厂志》)

这是1945年的最后一次工潮,之后部分机器虽然开始运转,但工人内心的愤怒并未完全平息。

第四章

苦熬残冬

(1946—1949 年)

被作为"敌产"封存了

2900多个屈辱的昼夜总算熬过去了,抗日战争以中华民族的完全胜利而宣告结束。

那几天,苏州城里锣鼓喧天,城楼上挂起青天白日旗,鸿生厂的工人大多参加了抗战胜利的游行,他们喊着"我们胜利了"的口号,显得特别兴奋。善良的人们总以为胜利后,好日子就来了,哪知道"城头变幻大王旗"后,星星还是那个星星,月亮也还是那个月亮,太监弄美食一条街依然是灯红酒绿,盘门城墙脚下依然蜷缩着快要饿死的流浪汉;千年护城河从厂门口缓缓淌过,船上满装南来北往的货物,岸边的鸿生里贫困人家锅灶清冷,断炊已有数天。

国民政府为迅速控制江南一带,对于伪军一律招降并委以重任。驻扎在苏州一带的伪第一方面军司令、伪江苏省省长任援道摇身一变成为国民军南京先遣军司令。国民党的接收大员从天上飞来的、陆地上跑来的和从地下钻出来的,纷纷涌进苏州来接收敌产。这些官员进城后,觉得发财的机会来了,就想着趁接收之机大捞一把,很快形成"大官大捞、小官小捞、无官不捞"的局面。他们白天忙于抢占洋房、汽车、商店等敌伪资产,晚上则纵情酒色,花天酒地,还美其名曰"胜利筵"。据苏州商会的统计,自胜利日之后的半年时间里,松鹤楼、老正兴、义昌福、宴月楼等名菜馆夜夜满座,总消费金额高达15万大洋。

因为资产核实的缘故,南门外被列为"敌产"的工厂几乎都不能正常开工,像苏纶厂、鸿生厂等,失业工人的日子非常困苦。"鸿生火柴"被打入冷宫,贴上了"敌产"的封条予以没收,政府冻结其所有资金、物资,勒令停业整顿。

焦急的不仅是生活无着落的工人,还有鸿生厂的大老板刘鸿生。他在抗战期间曾任国民政府行政院善后救济总署执行长兼上海分署长,抗战胜利后,他立即从重庆启程,返回阔别7年的上海。他通过在重庆结识的官场关系,与国民政府的实力派人物宋子文、孔祥熙打交道,以私人名义,联络在苏浙皖区的特派员和上海区敌伪产业处理局的审判员,请他们"主持公道,力争保护"。

1945年10月10日,刘鸿生委托从重庆专程请来的大律师陈汉青赴苏州来办理鸿生厂的归还事宜,陈汉青代表刘鸿生提出归还的三点理由:其一,抗战期间,鸿生厂被日本帝国主义所控制实属无奈和强迫;其二,鸿生厂在实际生产和销售经营中一直没有同日商合作,不存在"敌产"问题;其三,顾念员工生计及市场所需,鸿生厂宜尽快恢复生产。

苏州地方当局并不买账,随即致函刘鸿生,意思是说要待鸿生厂的全部固定资产、8年中的运行资金、往来交易等事项逐一核查清楚,具结报告呈上峰处置。刘鸿生明白这样的核查没有个一年半载根本不行,地方当局是以冠冕堂皇的理由来拖延归还。

刘鸿生不得不亲赴南京,去找宋子文商量,实际上是恳求政府给鸿生厂一条活路。

刘鸿生谦恭地说:"子文兄深知我刘某对国家的一片赤心,鸿生厂落入敌手,实非本人心愿。鸿生厂被日本人托管过一个时期,事出有因,实在是迫于无奈。"

宋子文开始还打官腔,声称:"核查敌产是委员长的意见,小弟也是无能为力。"

刘鸿生继续陈述鸿生厂工人因工厂迟迟不开工,度日相当艰难,日久恐生变故,恳望对鸿生厂网开一面,早日复业,于国于私都是有利的。

宋子文听到"日后恐生变故",心里未免一愣,就答应与苏州当局联系,让刘鸿生象征性交点罚款,尽快让鸿生厂复业。

复业后的"宝塔"再展风采

当时正是抗战胜利不久,市面正在恢复中,物价一度飞涨,币值低落。火柴因为是家用必需品,成为投机商囤积居奇的筹码,反而不见萧条只见繁荣。1946年,复业后的鸿生厂日产量最高达576件,"宝塔牌"火柴成为市场抢手货。全厂职工人数从抗战时期的600人迅速增加到712人。1946年和1947年,先后两次招收女工116人。车间生产由单班制改成日班、中班的双班制。(见图13)

图 13　鸿生火柴厂职员在紧张办公

复业后的第一年中秋节,刘鸿生到苏州来看望鸿生厂的老员工,刚进厂区就被大家团团围住了,纷纷向他诉说物价飞涨,日子难过。刘鸿生听后非常难过。

事后,他特地从厂里拿出一部分资金来帮助困难员工渡过难关。在通货膨胀、物价飞涨、货币贬值的最初几年里,刘氏的其他企业都是惨淡经营,唯独鸿生厂一枝独秀,原因很简单:一是火柴与肥皂、草纸一样被居民当生活必需品囤积起来,造成当时被称为市场"五洋"(洋火、洋布、洋油、洋烟、洋蜡烛)的产量不降反升,厂里两班倒加紧生产还是供不应求;二是工人经过半年多失业,日子苦不堪言,也想着多做点活来养家糊口。

刘鸿生看到蒸蒸日上的"宝塔牌"火柴,十分开心,每个月都要到苏州来几趟,在厂区里走走、看看、问问。

一位陈姓老人回忆道:

那天,我记得是年初五一早,新年里开工第一天,我去厂里上班,走到厂门口吓了一跳,只见门口站了几个人,领头的竟是刘大老板!只见他笑眯眯地跟每个进厂的员工双手作揖恭喜新年,给每个员工发一个红包。我好像记得红包上写了"鸿运财发"几个字。那只红袋袋在"文革"中烧掉了,我怕人家讲我藏着大资本家的东西。

(摘自《莳溪贾客》,苏州大学出版社2009年出版)

还有一位惠姓老人也提到了新年给员工发红包的事,还说起另外一件事:

刘老板听说有个工人上中班时轧料把手指轧断了,就埋怨车间主管为啥不告诉他,说他一定要去看看那位工人。主管说那个工人住在盘门外头,落雨天,那里的烂泥路不好走。刘老板吩咐手下给他找一双套鞋来,穿上套鞋叫上几个人就去了。后来我听那个手指轧伤的工友说,刘老板深一脚浅一脚摸到他的家里,一看是两间破破烂烂的矮房子,心里就很难过,关照手下要摸摸底,厂里有多少工人还住在这样的破房子里,想办法要买块地皮造点工人宿舍。临走时,他关照跟去的账房会计,这个工人病假期间工资一分不能少,再补3个月工资用于看病。后来,厂里办"阶级斗争展览会",我为这件事还吃过苦头,说我是工头,替剥削阶级涂脂抹粉。我讲的是实话。可惜那个受伤的工友10多年前就去世了,他的小辈说,老人到临死前还在念刘老板的好。

(摘自《莳溪贾客》,苏州大学出版社2009年出版)

1946年、1947年这两年,鸿生厂的生产基本正常,全年产量比抗战前的1937年7.2万件翻了几乎3倍,分别达到19.2万件和20.5万件。这两年的开工天数每月平均26天,是1943年月开工天数的3倍。鸿生厂的主营产品"宝塔牌"火柴及副产品"蝶丹牌""飞轮牌"火柴畅销沪宁一带城乡。从贴在写字楼门上的新年春联"宝塔火柴广销四海　鸿生产业鼎足九州"上可以看出当家人的勃勃雄心。

但好花不长开,好景不长在,1948年的残冬很快就降临了。

物价飞涨下的日子真难熬

残冬的雪片肆意飞扬,屋檐下挂的冰棱有尺把长,像一把把倒悬的剑,悬在路人的头上。住在鸿生里的工人起早赶往厂里,孰料厂门紧闭,不知道厂里出了啥事。有人翻墙进厂,向在写字楼值班的职员打听,职员告知了大中华公司的决定:因进口原料断货,暂停生产。

当时鸿生厂的原料来源主要是英、美、瑞典等国,每年的需用数量及价值如下:

原料	产地	每年需用量	每磅单价
三硫化锑	美	18000 磅	0.17 元
铬磺	美	8000 磅	0.45 元
氯化钾	法、瑞典	329000 磅	0.28 元
重氯酸钾	德、英	10800 磅	0.34 元
白蜡油	美、英	290000 磅	0.19 元
磷酸	美、英	9800 磅	0.98 元
赤磷	德、法	17000 磅	1.11 元
硫化磷	德	19800 磅	0.72 元
氧化锌	德、美、英	5500 磅	0.23 元
胶	英	65300 磅	0.71 元

这些原料基本依靠进口,远洋运输一旦跟不上或者对方故意压货就很容易造成断货。

别小看一根小小的火柴,各种原料有 37 种。单说生产药头所需的原料就有氯酸钾、硫磺、氧化锌、三硫化锑等 26 种。

生产火柴棍的木料主要采自东北、福建一带,有时也从越南西贡、缅甸等地采购。材料主要有椴木、相木、松木等。在 1958—1964 年,椴木、相木的计划分配数减少,以松木、榆木、桦木、云杉等替代。

大中华公司下属的几家火柴厂因为原料问题都处于停工待料状态。不仅如此,资本家还以"资金不足,原料不继"为由,无限期拖延复工时间,还取消原有的停工津贴。

1948 年 12 月 31 日,大中华公司业务委员会第二次会议几经讨论,仍维持原来的意见。

消息迅速传开,工人们义愤填膺。从 1949 年 2 月 7 日起,陆续有人涌进厂里来责问当时的厂长孙慕颐:"厂里不开工,你叫工人怎么活!"一个姓谢的女工还背着生病的婆婆来到厂里,婆婆已经饿得满面菜色,流着眼泪求厂方给工人一条活路。

孙慕颐是个没有担当的"老好人",只会说"我很同情工人的难处,但厂方也有厂方的难处"。他被工人逼得急了,就说他第二天一早就去上海,再次向公司汇报厂里的情况,争取早日复工。工人们被骗怕了,不放心,怕姓孙的拔脚开溜,立逼着孙慕颐立下字据:"由孙慕颐向公司如实说明鸿生火柴厂的困境,争取10日内复工。"

进厂请愿的工人们这才散去。人散去了,心却还悬着。

厂里不开工,生活无着落,外面的物价眼瞅着天天往上涨,这年残冬工人们的日子可谓是雪上加霜,苦到了根上。

87岁的老工人黄水根因脑萎缩,记忆力明显衰退,隔夜的事情记不起来了,但那个残冬的苦水倒出来很多:

我这辈子啥样的苦没吃过啊,那年我才20多岁,在鸿生厂做拌料工。我记得月薪是25个大洋。那时比不得抗战前了。抗战前一个大洋就可以买回来半担米了,可是抗战后连1升米都买不来。在鸿生厂做工的,哪个会有积蓄啊,当月工资能维持大半个月就很不错了。好在那时候我年轻,有力气,一下班我就到觅渡桥的太和面粉厂的码头上去扛面粉,一袋面粉是50斤,我一次扛4袋,苦一个晚上能赚2个大洋。后来,大洋换成了金圆券就更不值钱了,一叠金圆券就只能买一副大饼油条。(据测算,按1947年的生活指数,100元仅相当于抗战前的8.7元。到1948年,当时厂里发工资已无法以货币计值,就改为以白米为计算单位,工人月平均工资为1.88石白米。1石米合现在75千克——作者注。)

没办法,一家老小的日子还得过下去啊。老婆就到胥门码头上去拣菜皮,一清早,菜农的船停满码头,上货时掉落下来的烂菜皮就拣回来,熬粥喝或者煮菜糊糊。那时候,一个月能吃上一顿肉那就不错了,买的是最便宜的猪头肉。有时,胥门河里漂过一头死猪,也有人捞上来吃。

我记得发行金圆券的时候,物价天天上涨,厂里的生产又不正常,经常停工。民国三十七年(1948)全年开工不到100天,厂里的固定工每月只能拿到很少的伙食补贴。大部分计日工、计件工等于失业。工人为了活命,各自去寻找出路。男工大多数去拉替班人力车(苏州人俗称"黄包车"),女工去做"走做"(相当于现在的钟点工)、缝补工,厂里的绍兴人就到老乡那里去做锡箔。苏州的锡箔庄90%是绍兴人开的。

(据2005年采访记录)

76岁的老工人黄成宗说起了那一年参加"反饥饿,反内战"示威游行的事。那时他是排板间的徒工,识几个字,他的表哥在苏州国立社教学院读书。下班后,黄成宗常常到表哥那儿去玩。他说:

我记得那是5月份,几号我不记得了,我上表哥那儿去玩,表哥带我去了学校的食堂。只见那里聚满了学生,敲着饭盆子高声呼喊:"我们要吃饭!"大家对着桌上清汤寡水的菜蔬,饭里夹杂的沙子,一起责问食堂管事的:"学生交伙食费,难道就吃猪狗食,你们必须把账本公开!"随后,就在食堂里召开学生大会,提出了"反饥饿,要吃饭"的口号。当天,决定全校罢课,还选出学生代表赴南京向中央政府请愿。

我看到这种情势,很兴奋,吵吵着要跟表哥一起去南京,表哥死活不让,告诉我那是很危险的事情,赶我回厂上班。果然,到了5月20日发生了学生与军警的暴力冲突。我记得那天的苏州《明报》上刊出两个大字"血案"!后来,听表哥说那次示威游行学生重伤19人,轻伤104人,被捕28人,酿成震惊全国的"五·二〇血案"。

我们虽然是做苦工的,但对学生们的遭遇非常同情。我好几次帮着学生们一起去街上散发传单,有一次差点被警察抓走。

(据2005年采访记录)

当局为挽救面临崩溃的经济,推行所谓的币制改革,颁布了《财政经济紧急处分令》,规定发行金圆券以替代原来的法定货币,1元金圆券要换300万元法定货币,同时不允许百姓持有各种硬通货——金银和外币,用金圆券低价回收。以政府名义,强行冻结物价,冻结工资,实际上是对老百姓的一次赤裸裸的掠夺。

国画大师齐白石在《白石老人自述》中说:

那时,"法币"(法定货币)几乎成了废纸,一个烧饼,卖十万元,一个最次的小面包,卖二十万元,吃一顿饭馆,总得千万元以上,真是骇人听闻。接着改换了"金圆券",一圆折合法币三百万元。刚出现时,好像重病的人,缓过一口气,但一霎眼间,物价的涨风,一日千变,比了法币,更是有加无已。囤积倒把的人,街头巷尾,触目皆是。他们异想天开,把我的画,也当做货物一样,囤积起来。拿着一堆废纸似的金圆券,订我的画件,一订就是几十张几百张。我案头积纸如山,看着不免心惊肉跳。朋友跟我开玩笑,说:"看这样子,真是'生意兴隆通四海,财源茂盛达三江'了。"实则我耗了不少心血,费了不少腕力,换得的票子,有时一张画还买不到几个烧饼。望九之年,哪有许多精神?只得叹一口气,挂出"暂停收件"的告白了。

(摘自《白石老人自述》,山东画报出版社2000年7月出版)

著名教育家、苏州籍作家叶圣陶在1948年10月15日的日记中,对当时苏州的市面也作了生动描述:

日来市面益萧条,百物皆无由购得。日用品俱为人抢购一空。衣料等物,仅存次等之货,需凭身份证购买。南货铺中金针木耳亦成宝物,咸鱼铺中海蜇亦无有。商店皆开门不久旋即关门。此抢购之风已历两星期,至近几日而购无可购,遂成此象。(见图14)

图14 平民排队争购粮食

1948年11月1日,当局忽然朝令夕改,宣布放弃限购政策,物价顿时像脱缰的野马一路向上狂奔,短短半个月里,以大米、豆油、食糖为主的物价指数就分别上涨了25倍、19倍、13倍!(见图15)

解放战争时期苏州米价历年上涨情况表

年 份	米价(法币 元／石)	增长倍数
1945.9.17	6万元(中储券,折合法币2700元)	以该天米价2700元为基数
1946.1.17	8300 元	2 倍
1946.6.14	47000 元	16 倍
1947.1.14	60700 元	21 倍
1947.5.8	522万元	0 倍(1)
1948.1.13	125万元	462 倍
1948.7.8	2090万元	7740 倍(2)
1948.11.4	90元(金圆券,折合法币2亿7仟万元)	99999 倍(3)
注:	(1)第一次抢米风潮前 (2)第二次抢米风潮前 (3)第三次抢米风潮前	

图 15 米价疯狂上涨情况表

1959年3月15日,《新苏州报》在鸿生厂报道专题中有这样一段话,描述当年的情景:

"鸟叫做到鬼叫",工人天蒙蒙亮就要进厂做工,晚上做到满天星密还未下班。每年一年忙到头,眼巴巴等到端午、中秋节、大年夜才有得休息。当时工人一个月的工资最高为6元,每担米价是5元(兑换成金圆券后连2升米都买不到),小工还不到3元。许多工人三顿吃粥,就根本谈不上什么衣着。天冷衣单,在马路上走时,大都腰中扎一块麻袋片。鸿生厂工人过的生活如同叫化子一般,而资本家却大肥特肥,厂里十万、八万的年年赚钱,经理先生每年到上海资本家家里去交账。资本家的残酷剥削把工人压得透不过气来。

比报道更精确的是数据,《刘鸿生记帐房存卷》中对工作时间的限时数据,或许更能说明工人劳动之艰苦:

每天工时(春冬)10小时,自上午7时至下午5时;若做夜工,尚须延长3小时;(夏秋)13小时,上午5时半至下午6时半。

每年休假日:年首年尾约停二星期;端午、中秋停工2天。

劳动如此繁重,生活如此拮据,鸿生工人艰难谋生,在物价飞涨时,更是一下子陷于绝境。这一年,在苏州发生的与工资相关的劳资纠纷高达 120 起,波及工厂、作坊 3620 家,先后参与罢工的工人有 13500 多人次。鸿生厂的工人也发生过短期罢工 3 次,参与罢工的工人有 1527 人次。

尽管由于工潮迭起,当局被迫让步,工人工资有所上涨,但是与飞涨的物价相比,仍然是杯水车薪。住在鸿生里的工人生活在水深火热之中,为活下去,卖儿卖女的现象时有发生。

当时在光福、木渎一带,有一种职业人口贩子,专门到城里的工人居住集中的地方拐卖儿童,然后贩卖到上海去。老工人顾阿毛一连生了 3 个女儿,实在养不活了,就把出生才 5 个月的小女儿以 15 块大洋的价格卖给一个姓汪的光福女人,后来就转卖到上海。新中国成立后,顾阿毛去光福找过姓汪的女人,还专程去上海寻找自己的女儿。经过里弄户籍警多方查询,才知道女儿是卖给一户姓瞿的人家,新中国刚成立时,瞿家全家迁居香港了。晚年的顾阿毛说起这段伤心事就会老泪纵横,他说他最对不起的就是自己的小女儿,这一辈子都不会忘记的。

漫漫长夜盼天明

漫漫长夜恨月黑,百姓翘首盼天明。

然而,资本家不这么想,而是经常借故就停工停产、克扣工资。据原职员孙寿琪回忆,当时造成停工停产有两个因素:一是火柴生产所需的各种原材料成本成倍上涨,而且多数为投机商垄断,原材料常常供应不上;二是大中华公司的高层管理人员和鸿生厂几个负责人根本无心火柴的生产经营,他们热衷于搞股票交易,做投机买卖。

当解放的炮声越来越近时,住在上海的刘鸿生也像热锅上的蚂蚁,去还是留,厂子办还是不办?他举棋不定,不知道该怎么办才好。1949 年年初的一天,刘鸿生被上海社会局长陈保泰带领武装人员挟持到广州参加所谓"紧急会议"。刘鸿生趁会议间隙溜了出来,秘密出走香港。当时的香港情况极为复杂,沪上的大批资本家都聚集到这弹丸之地上来观望。刘鸿生左顾右盼,犹豫不决。正在这时,时任政务院总理的周恩来特地派员来到香港,向刘鸿生介绍新中国对民族资本家的政策,热诚邀请刘鸿生回来共商国是。

刘鸿生的小儿子刘念诚思想进步,很早就靠拢地下党的外围组织。他和二哥刘念义一起赶往香港,做父亲的说服工作。

刘鸿生经过深思熟虑,最终放下了思想包袱,兴致勃勃地踏上了归途。到天津后,他欣喜地接到周总理电邀进京欢聚。总理对他慨然归来表示诚挚的欢迎,再次向他详述了保护民族工商业的政策,明确宣布所有刘氏企业均将受到人民政府的保护。刘鸿生满怀信心回到上海后,受到陈毅市长和上海商界的欢迎。陈市长拉着刘鸿生的手,以十分豪爽的口气说:"你刘鸿生的大名,我是如雷贯耳。你是一位具有丰富经验的爱国工商界领袖,我们真诚希望你和我们合作,和上海600万人民全力以赴,共同把你所熟悉的上海建设成一个兴旺繁荣的人民的城市。识时务者为俊杰,你刘鸿生就是这样的俊杰。"(据上海《政协文史资料》)

刘鸿生回到上海后,看到他的所有工厂都在工人护厂队的保护下恢复了生产,感到十分高兴。鸿生厂也派人专程去上海,向刘鸿生汇报工人护厂和恢复生产的情况。数月后,刘鸿生在工商界人士座谈会上作了激情满怀的发言:

> 我记得我14岁时,听亲戚讲过洋人进北京(指八国联军借着"保卫使馆"的名义进驻北京,劫掠紫禁城的事件——作者注),慈禧太后带着光绪皇帝逃往陕西。一个国家的京城和一个民族的尊严,就这样被洋枪洋炮炸伤了。那时我还不完全懂这些事,但心里气得很。我想我长大后一定要像洋人一样把实业办起来。中国人有了自己的实业,洋人就不敢欺负我们了。现在共产党来了,一个独立的、自由的、工业化的富强的国家就要在我们面前出现,这正是爱国的民族资本家所向往的道路。我跟着共产党走这条道路,感到的只有骄傲和幸福……我在苏州创办的火柴厂,几落几起,它要恢复元气、扩大生产,只有靠人民政府。所以,我与政府合作办企业的决心是不会变的。

(摘自上海《工商联档案资料》)

伴随着隆隆的枪炮声,古城苏州进入1949年4月27日。

零时:天空中云层很厚,月色迷蒙。运河西侧大片纵深地带集结着中国人民解放军2个师的主力,锋芒直指城内国民党3个团的残敌。进抵浒墅关的我三野10兵团29军军指挥所和所属85师已完成攻击部署。

零时30分:苏州市区一片寂静。乔司空巷志成小学的教师办公室里还亮着灯,中共苏州工委核心人员、校长马崇儒和云记袜厂老板张云曾几个人兴奋地交谈着。不远处的苏州发电厂观前办事处里,人们的情绪更加兴奋。紧握着对讲电话的地下党员惠志方从昨晚10时起就不停地记录来自各方的消息:国民党城防部队向上海方面撤逃;横塘守敌溃退城里……终于,激动人心的消息传来了:胥门方向看到解放军!

1时:在铁铃关对岸修筑工事。三野85师254团团长李力群、政委施光华、参谋长杨清就着马灯在作战地图上研究进攻步骤。与此同时,在254团左右两翼,85师253团、255团和86师256团、258团在水网地带搜索运动,向虎丘、向城垣挺进。

2时:258团到达横塘前沿,随即攻占横山。

3时:运河沿线解放军进入最后战斗准备。

4时:85师师部下达攻击令。在山炮团火力掩护下,各部发起猛攻。战斗激烈,戴福兴等7名战士牺牲,10多名战士负伤。254团首先跨过枫桥将红旗插上铁铃关。255团拿下江村桥、高坂桥。此前,254团一部渡过运河,向火车站攻击前进,追敌至城东五六里。

5时10分:部队进入千年古刹寒山寺。

6点40分:分别由平门、金门、阊门、齐门、娄门入城的解放军各部,身披朝阳,会师于市中心察院场,苏州解放。

9时:苏州各界在开明大戏院隆重集会,欢迎解放军入城。戏院门口的台阶上,有人拿着一大摞《光明报·号外》,向欢腾的人群散布"苏州迎来光明"的喜讯。在这份连夜赶写赶排、清晨启印的报纸上,头条消息《苏州新历史的第一页(肩题)人民解放军进城(主题)人民夹道欢迎情绪兴奋热烈 解放军主力继续向敌追击中》尤为醒目。(见图16)

图 16　市民在北局小公园冒雨集会庆祝苏州解放

　　鸿生厂工人纷纷涌到胥门城门口，有的还举着刚领来的小红旗，向入城的解放军挥手致意。根据中共苏州工委的指示，鸿生厂的青年工人组成 30 人的护厂队（当时报名参加护厂队的有 215 人），保护工厂机器设备和成品仓库不受破坏。

　　一天夜里，护厂工人正在厂区巡逻，忽然听见成品仓库方向有撬棍撬动铁器的"哐当"声，巡逻人员赶紧摸过去，一看仓库大门打开，有两条黑影从仓库里往外搬成箱的火柴，有一条盗货的小船就停在不远处的护城河边。巡逻人员扑上前去，逮住了盗物的两个人，在船上守候的那个人见势不妙就逃走了。后来经查实,那个逃掉的人就是本厂的一个工头,里应外合,盗窃厂里的物资。工头不久就被捉拿归案,以"盗窃、破坏生产罪"判了10年刑。

在工人的护卫下,鸿生厂的机器很快就转动起来了。

第五章

重获新生

(1950—1965 年)

第五章

亚裔流亡

（1950—1965 年）

走上新路并非一帆风顺

新中国成立初期,鸿生厂仍属上海大中华公司。厂方这时的态度是观望和维持,而工会则挺身而出,号召工人与厂方合作,努力工作,加紧生产。1950年,大中华公司因经营不善,当年负债折合新币达50多万元。总公司为转嫁债务危机,从鸿生厂抽掉大批流动资金,还有大型运输工具,断绝材料来源,使鸿生厂一度陷入困境。这时,厂方消极经营,使出一个歪招,扬言原料不足、生产难以维持,搞了一次疏散职工的行动,被发送回家的工人达150多人。

工厂要赶走工人,工人们闻讯后非常愤怒,一夜之间,几个车间全部停工。工人们纷纷涌到写字楼里来责问厂方管理人员:"解放了,工人当家做主了,可你们为什么还不把工人当人看?"

厂方故作无奈之态,一味地向工人们叹苦经,说实在是心有余而力不足。

工人们表示,如厂方不能让被疏散的工人尽快回厂工作,那就组队去市军管会请愿。

厂方怕事情闹大,就与工人们协商,开了一天会,劳资双方终于签订停工津贴协议:

1. 工友断料停工津贴,不论月、日、件、工,均以五成为标准,件工以八月下期实际工作日数除实际工作件数,求得每天平均基数计算之。

2. 此次断料停工津贴,厂方将每期应发基数五成,由男、女、日、件、工、工友自动扯(今写作"折",作者注)算计,男、日、件工每日津贴基数九角五分;女日、件工每日津贴基数四角九分。

3. 政府对于停工津贴及工资之计算标准或办法,如另有规定时,应依照规定另行研究。

4. 停工期内,由厂指派工作之工友照给工资,如指派工作之工友而不到厂工作者,不到厂工作一日,即一日不给停工津贴。

5. 停工前一日,不到厂工作者,停工第一日必须到厂报到,始得支取停工津贴。停工前请假者必须续假,期满后开始支取停工津贴。住院治病由厂方负担医药费者,须俟出院销假后支取停工津贴。

6. 停工日期预计不超过二个月。
7. 本协议只限到开厂有效。

中华民国三十八年九月七日

厂方代表：王尚忠　张德顺　王文贤　刘如元　余鸿钧
劳方代表：薛金龙　张裕根　蔡荣根　肖阿三
　　　　　王阿大　王长鸿　林金甫

（摘自《鸿生厂志》）

劳资双方除达成停工协议外，资方还承诺：疏散、停工人员全部登记在册，仍为鸿生厂工人；给疏散、停工人员一笔补贴，以补生活之需；待生产恢复正常后，即召回疏散、停工人员。后来几年因生产规模扩大，疏散、停工人员都陆续回厂工作了。

百废待兴，摆在鸿生厂面前的困难不少，概括地说主要是三个方面：一是资金周转困难，后获得政府扶持工商业政策的低息贷款，解决了部分原料的供应，生产出现转机；二是小型火柴厂冒充"宝塔牌"大量生产劣质火柴，以次充好，冲击市场；三是生产环节上的质量管理标准化未完全建立起来。

"宝塔牌"从1929年起，就被市场公认为标准产品，曾得到当时的地方产品优质奖。

图17　鸿生火柴厂的著名商标——"宝塔牌"

几座"塔"之间的商标之争

"宝塔牌"声名鹊起，引起同行业竞相模仿宝塔图案来生产自己的火柴，市场上先后出现过"九宝""金塔""方塔"等火柴，其图案设计的外观和色彩，均与"宝塔牌"近似，消费者一不留神就买到了假冒的火柴。（见图17）

扬州耀扬火柴公司干脆生产以"宝塔"为商标的火柴，而且恶人先告状，一纸诉状把鸿生厂告上法庭，称其冒用自己的商标。后经地方法院调查审判，认为两厂之宝塔形态各有不同,扬州耀扬火柴公司的宝塔图案属地方舍利塔,苏州鸿生厂的宝塔图案则是北寺塔。宝塔的背景图案也不一样。当时的商标局为此颁令:

为令遵事,查江都耀扬火柴公司请求评定该商标注册第九六七号宝塔商标一案。业经本局依法评决,除分令外,合将该项评定书令发该商阅看,仰即遵照此令。

泊发评定书一件。

中华民国十九年五月廿二日

工商部商标局评定书　　　　第十五号

请求人:江都耀扬火柴公司胡显伯

被请求人:华商鸿生火柴公司

右请求人,对于被请求人使用于商标陆施行细则第三十六条,第五十三类,火柴商标品注册第九六七号,宝塔商标认为仿冒其扬州文峰寺宝塔商标请求评定事件,评决为左:

主文:请求人文峰寺宝塔商标应不准注册,被求人注册第九六七号宝塔商标仍予维持。

事实:查请求人前以文峰寺宝塔商标呈请前北京商标局注册,经该前局以该项商标与呈请在先之鸿生火柴公司(即本案被请求人)宝塔商标相近似,应该令饬鸿生火柴公司,取是开始实际使用,证明事件到局再行核办等语。批示后,未有结果。嗣国民政府定都南京,被请求人复以宝塔商标呈准前全国注册局审定,公告期满列入注册第九六七号。请求人虽亦以文峰寺宝塔商标,向全国注册局呈请注册。但已后于被请求人,请求人设厂于扬州文峰塔对面,故用文峰寺宝塔以为纪念,与被请求人之用北寺塔;绝对不同等语。经令据被请求人合辩略称,被请求人于民国九年设立公司制造火柴即以宝塔等为商标,使用迄今,已届十载,请予维持注册原案等语,并据取具使用证明文件以资证明在案。

评决理由:查两造系争商标名称完全相同,而其图样主要部分均为一塔,仅附属部分略有差异,自属类似至使用先后问题。请求人商标据称于民国十年春间,开始实际使用,具曾经停业二年。被请求人商标于民国九年十一月间,已开始使用,有帐簿为证。且呈经苏州关转呈总税务局备案。则被请求人第九六七号宝塔商标注册原案依照商标法第3条之规定应予维持。请求人文峰塔商标应不准注册,爰为评决为主文。

中华民国十九年五月十三日

（摘自《鸿生厂志》）

至此,一桩围绕"宝塔"商标之争的公案,历时半年多,终于尘埃落定。

大道被堵死了,小道上的假冒伪劣却盛行起来。

苏州西津桥商人李益石在南浩街开设民生火柴作坊,生产塔牌火柴,很快被鸿生厂营业部发现,随即上报刘鸿生。刘鸿生指示厂经理黄敏伯向当地法院提出控告,民生作坊仿冒宝塔火柴商标制售伪劣火柴。后经法院审理,查封了民生作坊,查封部分资产作为对鸿生厂的赔偿。

1944年,许、杨等人在胥门外禾家塘地方,开办大公火柴厂,因产品质量低劣,又无正式商标,在市场上毫无销路。许、杨等人遂与鸿生厂发盒所人员内外勾结,大量偷盗宝塔火柴商标贴,假冒的宝塔火柴进入市场后,败坏了鸿生厂的信誉。后来事发败露,由上海大中华火柴公司向法院提起诉讼,经两次开庭,法院勒令大公火柴厂立即关门歇业,其资产全部由鸿生厂折价收购,被告人许金生当庭具结悔过书:

立据人许金生、杨金生在胥门外新马路禾家塘地方,开设大公火柴厂正在筹建中,许金生之子许仁德、许友根私自在外,听歹人指使,窃取大中华火柴公司苏州鸿生厂宝塔牌火柴小商标,私制劣货,改装混淆,经鸿生厂查悉,呈请省会警察局查得并将友根拘押在局,金生在沪闻讯赶向鸿生厂道歉,望鸿生厂谅解。知金生与该案绝无关系,惟金生与大公厂尚未开幕。两子不肖,发生违法难事,金生极为恶。大公火柴厂已无力经营,为此特立据向鸿生厂申明,自愿将大公厂停闭,所有生财(计排板车一部、盘一百只、新旧摔板一百五十副、翻板架三双)估计约值中储券两百万元左右,请求大中华火柴公司苏州鸿生厂于两星期内照价收买,以示体恤。至于许仁德、许友根等窃取商标、伪造劣货一案,并恳鸿生厂以宽免究,并由金生负责监督许仁德、友根决不再犯。

特立此据以上。

大中华火柴公司苏州鸿生厂存监
中华民国三十四年三月二十二日
立据人　许金生(手印)

保证人　徐启堂（图章）

经阊门外儒家巷协大丰火油号

证明律师　吴超（图章）

（据苏州档案馆801-31-38，转载自《鸿生厂志》）

1945年，苏北人王金宝曾当过鸿生厂排板部工人，熟悉火柴生产要点，就以个体劳动为主在江阴陆巷独资经营，后于1947年迁至无锡建立大工业社，火柴就近销往江阴、宜兴等地。他采取移花接木的方式，用宝塔商标，除宝塔层数减少二层外，外观上与宝塔商标相近，以此混淆市场。由于该厂生产数量有限，鸿生厂又无专人去与之交涉，所以使该社生产的"金塔牌"火柴一直维持到公私合营前，后来并入鸿生厂。

1951年，杭州市场冒出大量劣质"宝塔牌"火柴，经查系出自浙江绍兴乡下的作坊。此类作坊并非一家，而是有数十家，采用盗印商标、以次充好的手段非法牟利。鸿生厂派人去浙江调查，回来后写出调查报告呈苏州市工商局。苏州市工商局随后联系浙江工商局，一举捣毁了这些小作坊。

火柴市场终于得以净化，但"宝塔牌"的声誉也被这些投机倒把者伤害不浅。

"宝塔"的口碑在百姓

一个产品要在消费者心中扎下根，质量是第一位的。鸿生厂虽然开办多年，但没有建立起一套完整的质量体系。新中国成立后，根据市场分工，鸿生厂生产的火柴纳入了国家计划，由中百公司包销。生产计划按年由主管局（轻工业局）根据中百公司需要量下达指标。工厂由"外销"转向"内功"，即开始分层制订质量管理、成本核算、产量核定、利润考核等项技术指标。到公私合营时，厂内的各项管理制度基本齐全了。

厂设生产科，配有专职管理人员，负责计划和统计，编制生产计划，提出季度、月度、日度的生产要求和数据，然后落实到各个生产车间。各车间按生产科下达的指标，按不同工种分别下达到各班组、个人，称为"个人小指标"。统计员每天进行统计汇总，制作日报表呈报生产科。生产全流程实行"以日保旬、以旬保月、以月保年"的核定原则，使生产保持均衡、稳步增长。

火柴生产工艺流水线涉及各个车间、工段的工作要求,因而生产科制定了各工种、工段的生产指标和实绩统计,各车间每天收集各班组的日产量及各项消耗数据,并加以汇总。比如制梗车间的日产报表主要列入木材耗用、梗枝、盒料、切纸等22个数据;火柴车间的生产统计指标有氯酸钾、石蜡等的消耗率。全厂生产统计指标有90项。

生产管理数据化,目的是确保产量和质量。在数据考核时,质管科制订了火柴梗和火柴盒的尺寸标准,具体为:火柴梗长度38mm,横断面积不低于1.6mm×1.6mm,正负误差不超过0.5mm。火柴盒外盒长度为46.5mm,宽度为37mm,高度不低于17mm,椴木片厚度不低于0.45mm,松杂木片厚度不低于0.5mm,内盒长、宽、高与外盒相近。

火柴的质量规定了"优级品""一级品""二级品"三个等级。质管科对成品质量进行责任性的出厂检验,要求在每日三班生产的成品由各班各自抽样20小盒为据,再从三个班中抽出60小盒进行混合抽样检验,检验项目包括引梗、拉力、支数、磷面擦划、抗潮性、自燃点、头子长度、梗枝长度、方正度、盒子规格等,一切检验合格后才填报产品质量检验合格证,准予进入成品仓库。

为确保火柴质量,鸿生厂逐步建立了技术管理制度、工艺配方管理制度和设备管理制度。

鸿生厂的工人高兴地说,解放了,工人的日子过得舒心了,工厂的各项制度也健全了,再不是"鸟叫做到鬼叫""摸黑上班,下班摸黑"了,工人对自己的工厂,特别是对自己要干的活都能心中有数了。拿老师傅王阿大的说法:"啥叫工人当家做主,到厂里看看就清楚了。"

1952年12月24日下午2时,为了节约成本,工人戴阿二、沈阿贵、王夕五三人利用工作间隙,主动去回收废次品双头梗上的药头。他们用轧面机轧下药头,共回收了6大箱药头。其中一箱药头因长期堆积忽然发热起火,引起连锁爆炸,当场冲毁屋顶,击穿墙面。三人脱下棉袄奋力扑火,但火势越烧越大,熊熊烈焰把三人团团包围,幸亏其他人及时赶到,把三人抢救出来。他们的面部、手部都被严重烧伤,急送博习医院抢救才脱离生命危险。三人住院期间,当时的市委领导王东年曾前往医院看望,称赞他们"在危难时刻挺身而出,保护人民财产,是新中国的好工人"。

像这样的"新中国的好工人"在鸿生厂还有不少。刷边部女工朱金凤患有高血压,在车间工作时,突然病发晕倒在地,经医院抢救无效死亡。亲属在整理朱金凤的遗物时,发现一个黄皮小本子,上面密密麻麻记着自己当天的工作量,做的件数多的旁边就画一颗星,做的件数少的就画一个三角,还歪扭扭写上几个字"你要努力工作"。

为建设新中国而努力工作,是当时鸿生工人的真诚想法。他们吃够了此前物价飞涨、饥寒交迫的苦头,就想着要用自己的双手创造幸福新生活。

最糟糕的生活可能是没有选择的生活,对新事物没有任何希望的生活,走向死胡同的生活。相反,最愉快的生活是具有最多机会和最多希望的生活。

新中国,对于鸿生厂的每一个工人来说都充满了机会,人们有一种扬眉吐气的翻身感,最繁重的劳动也是愉快的。

公私合营天地宽

早在1953年2月15日,毛泽东南下视察,把当时的苏州市委书记刘中、市长李芸华叫到停靠在南京下关的专列上,问他们苏州的古城保护和建设、商业、手工业改造情况:

叫你们来,是想了解苏州市的一些情况。苏州在历史上就是一个著名的城市。苏州的手工业是很发达的,你们苏州的苏笛、苏锣,还有苏绣、丝绸、戏装等都颇有名气。这些都是面向全国的,恢复生产对全国其他地方有影响,要抓紧生产的恢复工作。

现在苏州群众的生活怎么样啊?苏州的大工业很少,我记得有个火柴厂,是上海的刘鸿生开的吧,现在怎么样啊?现在苏州有42万人口,吃饭的人很多。光车夫、保姆、茶房等等就不少。苏州解放后,这些行业都清淡了,所以一部分人生活会很困难。要抓好生产的恢复发展工作,还要抓好商业、服务业、交通运输业的发展,还有苏州的园林工作等也要抓好。要逐步解决好群众的生活问题,注意向自力更生、生产自救的方向引导。

苏州的文化水平很高,你们苏州历史上还出过许多状元哪!仅明清两个朝代，苏州就大约出了二十几个状元。明代有个高启，自号青丘子，就是你们苏州人。我过去以为明朝的诗没有好的，《明诗综》没有看头，但其中有李攀龙、高启等人的好诗。

苏州的古迹、历史文物都很丰富，苏州的城墙怎么办哪？你们是怎么想的，方针、政策是什么？这些要注意保护。还有那个虎丘，也要好好保护嘛。

（摘自《江苏省建国以来大事记·1953年卷》，江苏省档案馆藏）

1956年2月8日国务院全体会议通过了《关于目前私营工商业和手工业的社会主义改造中若干事项的决定》，其中有这样几项决定：

一、私营工商企业从批准公私合营到完成改造，需要相当时间，因此在批准合营以后，一般在六个月左右的时间内，仍然应该按照原有的生产经营制度或习惯进行生产经营。企业的生产经营和财务工作等，仍旧由原企业主继续负责，企业原有人员原来担负的职务也一般的不要变动。原企业主应该以对国家高度的责任心来管好企业，专业公司派出的工作组应该积极协助原企业主做好生产经营工作。

二、企业原有的经营制度和服务制度，例如进货销货办法、会计账务、赊销暂欠、工作时间、工资制度等等，一般在半年以内照旧不变。

三、企业原有的供销关系要继续保持，原来向哪里进货销货的，仍旧向哪里进货销货；进货销货的双方，必须密切合作。原来出口的手工艺品，必须继续出口，手工艺品所需要的国外原料，必须尽可能地继续进口。

四、各企业之间原有的协作关系，例如：加工、修理、供应配件和零件等等，必须继续保持，不得随意变动。

刘氏企业率先响应政府号召，参与公私合营。

刘鸿生在上海工商业者学习恳谈会上说："我的企业是我一手创办起来的，但它不姓刘。人民的企业是人民的财富，我不敢占为己有。政府号召我们公私合营，其实是为我们的企业产销拓宽路子，也是在企业管理上帮我们一把。作为爱国的民族资本家，我真心诚意地拥护共产党的政策。"（据江苏省政协《文史资料》）

在苏州，刘氏旗下的鸿生火柴厂是第一批敲锣打鼓向政府报喜公私合营的。（见图18）

图 18　苏州各界集会庆祝公私合营

　　据账房间的老职员回忆，公私合营前，刘鸿生曾经连续两次给资方厂长写信，表示鸿生厂愿意公私合营，所有合营的条件就听从政府安排并交给厂里直接处理，不必再到上海来向他汇报了。

　　据《宁波商界巨头》一书记载，刘氏企业公私合营时，上海市领导曾专程约见刘鸿生，问他有什么要求？刘鸿生摆摆手说，我拥护政府的决定，我的全部企业都参与公私合营。说到苏州鸿生火柴厂时，他忽然迟疑了一下，竖起一根手指说："我可以提一个小小的要求吗？希望上海市领导能与苏州方面通融一下，看能否保留'鸿生'二字？"

　　上海市领导未置可否，说可以去协商。

　　公私合营后的苏州火柴厂还用资方的名字命名吗？据说当时有不少反对意见。

　　做过上海第一任市长的陈毅在参加华东局会议时，得知了这一情况，爽朗地笑着说："人家把自己的企业都拿出来与我们合营了，我们连人家的名字都不能保留，未免有人会说我们共产党人的肚量也太小了吧？我看刘鸿生对公私合营的态度'呱呱叫'，鸿生火柴厂可以挂他的大名嘛，把厂牌做大一点，告诉大家是我陈毅说的，还可以叫鸿生火柴

厂嘛。"(见图19)(据上海市政协《文史资料》)

图19　公私合营鸿生火柴厂

　　1956年6月,由5家火柴厂合并成的完全生产型的火柴厂——"公私合营鸿生火柴厂"的厂牌就这样在欢腾的锣鼓、鞭炮声中挂在了厂门口。之后,生产的火柴盒上也都印上了"鸿生"的大名。

　　1956年10月1日,刘鸿生因心脏病医治无效在上海逝世,享年69岁。临终前的一天,他给所有在场的子女留下遗嘱:

　　我名下的定息(指政府对民族资本家所办企业实行赎买政策而定期支付的利息)可以分取,但不要多取,每人至多拿几万元。拿多了不好,对你们没有好处。其余的全部捐给国家,这是我对国家一点微小的表示,也是我最后的嘱咐。

　　鸿生厂在苏州,你们要多去看看,跟大家一起经营好。

(摘自贵州《文史资料》杂志,2009年第11期)

合并后的鸿生厂家大业大,当年的年产量就达到 19 万件,成本从每件 9.41 元降低到 8.27 元,年利润达到 36.65 万元,相当于公私合营前 4 年利润的总和。

这时的鸿生厂,上下齐心,工人干劲十足,都梦想着早一天跨进共产主义的天堂。

停办了多年的工人夜校恢复了。青年工人下班后就聚集到夜校的课堂里补习文化知识,相互之间还切磋交流学习心得。厂里的黑板报也办得热热闹闹的,因为大家都相信走进共产主义社会是指日可待的,而共产主义社会的公民是不能没有文化知识的。那时,人们头脑里的"共产主义社会"就是像苏联老大哥那样,耕田用拖拉机,吃的是牛肉面包,住的是楼上楼下。

鸿生厂几乎是社会的一个缩影,浓缩了苏州的、全省的乃至全国的劳动者日益高涨的社会主义建设热情。

直道弯路多崎岖

火热的社会主义建设热潮滚滚而来,人们在期待中、振奋中度过了两年。

1958 年的苏州城开始热得发烫,水城好像一夜之间变成了"钢城"。大会小会谈钢铁,家家户户说钢铁,"大炼钢铁"似乎成了全城人的经济核心词。

1958 年的北戴河会议上公开宣布当年钢产量要达到 1070 万吨。中央召开各省、市、自治区党委主管工业的书记会议,研究落实以钢铁生产为中心的工业生产计划,把钢铁生产摆在工业生产建设的首要地位。全国所有的钢铁厂全部开足马力,不顾一切地生产,被称为"大洋群"。各级党委第一书记挂帅,大搞群众运动,大办土法炼钢铁。于是全国城乡迅速行动起来,大搞"土洋结合""大中小结合",为"钢铁元帅升帐"开路,动员和组织了大批人力、物力投入大炼钢铁运动。

发展钢铁工业,当时有两条道路:一是先搞大的、洋的,一是先搞小的、土的。在"多快好省"总路线的引领和超级任务的重压下,苏州毫无疑义地选择了第二条道路。从 1958 年下半年起,城里城外处处堆砌土高炉,大办"小土群"(小型、土设备、群众运动)。泥土和砖头不够,就从老城墙上挖掘。(见图20)《新苏州报》发表文章强调:"目前大搞土高炉,是解决钢铁有无和速度的问题",号召全市人民"共同努力,为土高炉迅速遍立全市而奋斗吧!"

图20　挖取城墙泥制作小高炉胆

"大炼钢铁"热潮掀起后,全市各行各业迅即响应市委"建炉炼铁"的口号。1958年7月,民丰农具制锅厂首先在一只0.18立方米的熔铁炉里进行土法冶炼。8月,市委提出了"猛干十天,建炉万只,苦干一月,出铁万吨"的号召,从8月5日到9月7日的34天中,堆砌土炉2800余座,参加人数28万人,其中调集外地农民14万人。之后,全市相继开展两次突击周活动。第一次是9月26日到30日的"国庆建炉周"。各单位为响应市委使苏州成为日产"千吨市"的号召,又一次掀起建炉热潮。机关停止办公,商店、企业大量合并,学校停课,客运汽车、三轮车与接送小孩去托儿所的车子也加入运输工具行列,参加人数达20万人。续建土高炉502座,总容积776.9立方米,其中投产的有235座,容积达207.7立方米;土洋炉7座,总容积378.8立方米。第二次是10月15日到22日的"高额丰产周"。这次突击周,仅高炉操作工和炼焦、运输人员就有5万余人,连续战斗7昼夜,有178.5立方米土高炉升火。

1958年7月2日的《新苏州报》副刊上发表了一篇讴歌全民大炼钢铁的散文,其中有这样的描写:

熊熊炉火映红了夜空,排排高炉吞吐着满腔热情。放眼古城墙下,成千上万市民,有挖泥的、有做砖坯的、有推着满载城砖的小车飞奔向前的,人们为了一个共同目标——大炼钢铁,钢铁元帅升大帐,三年赶超英美豪气壮!

社会主义劳动者的建设热情如同小高炉升腾的烈火一样火热,小高炉前忙碌的身影如同织梭,织出了社会主义的锦绣美景。站在城墙上,我放眼望去,小高炉如繁星满天,火光闪闪,烟雾腾腾,奋战通宵,斗志昂扬……

鸿生厂抽调了100多人参与大炼钢铁,没日没夜地在盘门外的小高炉前忙碌。在小土高炉前,人们将能寻得到的废铜烂铁,甚至包括做饭的铁锅、取暖的铁炉、火钩等,统统投进高炉里去。除此之外,缸瓮、铅皮桶、铁桶、煤炉、痰盂都成了炼铁材料。这样炼出来的钢铁,不仅质量差,而且成本高,以每吨铁成本350元计算,收购价平均每吨才140元,足足亏本210元。土高炉炼出的劣质钢每吨成本估计在800~1500元,收购价每吨仅140元,亏本660~1360元。这只是一般的统计,实际亏本数远不止于此。

鸿生厂有个青年技术员,人称"白面书生",说话和气,做事也踏实,就是有一个致命的缺点:嘴无关拦乱说话。他不知从哪儿听来的消息,说"中央发话了,大炼钢铁是劳民伤财。鸿生厂是做火柴的,与炼钢浑身不搭界的,凭啥逼着伲去炼钢呢?"这话不知道被谁听了去,而且很快汇报到总支书记那里。那天夜里,鸿生厂连夜召开职工大会,总支书记脸色铁青站在台上,他的背后好像还坐着几个轻工局的人,气氛搞得相当紧张。总支书记说:"别以为'三大改造'完成以后,社会上的阶级斗争就没有了,我们鸿生厂就有。就有那么一个技术员,背地里发牢骚,攻击三面红旗,联系到他的家庭出身是富农,就是对新社会发泄不满。工人同志们,对这样的人,应该怎么办?"

台下自然是一片口号声:"把他揪出来,批判斗争!"

总支书记接着说:"要是去年,我就打他个右派也并不为过。这样的人,要一边批判一边放到车间里去劳动改造。"之后,那个青年技术员被放逐到最苦最累、还有点毒的药料间里去劳动。半年后，因为身体出了毛病，就离开了鸿生厂。

50年后，曾经参加过大炼钢铁的老魏师傅说：

批判这个青年的情景，我好像还记得，他真的很惨，就为了自己的"乱说话"付出了一生的代价。大炼钢铁，我是参加的，苦了两个多月，炼出来的都是废铜烂铁。堆小高炉，没有砖头和泥，大家就去盘门城墙上扒，扒出了一个大口子。我记得有一次我被一块城墙砖头砸伤了脚背，厂医正好过来，给我包扎了伤口，还给我开了3天病假。我拿着病假条去找车间主任请假，他不同意，说大家都在大跃进，你歇啥病假？他不批准，我就没有歇病假，拖着一条伤腿在工地上帮人家递砖头。你看（说着，老魏撩起裤腿），这里落下的伤疤到今天也没有完全消褪。

最可惜的是老城墙，都是青砖头砌的，就用大锹一块一块扒下来。有人在城墙脚下还扒到过一只铜獬豸，那玩意大家都以为是麒麟。前些时，我去苏州博物馆看见过与当年扒出来的东西一模一样，不是麒麟，叫"獬豸"，解说词说是古代法律的象征，在刑部大堂门口蹲着的就是獬豸。

（据2005年采访记录）

老张师傅也说：

大炼钢铁，现在看来真的是胡来，那时候大家就这样相信没有办不到的事，只有不敢想的事，我们是可以来炼钢铁的。厂里抽调我去炼钢铁，我还是蛮高兴的。夜里，看着城墙脚下一长溜排着小高炉，红红的火焰映红了半边天空，手里就觉得有劲。但是，日子一长，我就发觉不对，烧了半月的高炉，倒出来的哪是啥钢啊，连块生铁都不如。那时，又没人来指导我们到底怎样来炼钢铁，就是看着别人怎么干，自己就怎么干。工地上的活比厂里累得多了，可是吃粮一天只补贴半斤粮票，午饭多添一碗就没了。到了半夜里，饿得肚皮"咕咕"叫，可谁也不敢当着领导的面发牢骚，一不留神给你搞个"阶级斗争"就全完了。

我记得当时厂里的黑板报上有一首民歌："万杆红旗舞东风，盘门城外炉火红。鸿生工人炼钢铁，干劲冲天胜虎龙。"下面好像还有一首，只记得两句了："大炼钢铁斗志高，活活气死美国佬。"

（据2005年采访记录）

因为一线人员被抽调出去大炼钢铁，鸿生厂的生产运转受到严重阻碍，尤其是对产品的质量把关几乎松弛了，火柴头脱落、磷面擦划、头子发火到梗等劣次品越来越多。那一年消费者批评信件直接寄到厂里的就有200多件，反映的问题主要是火柴冒烟不冒火、磷面擦不着火、梗子一碰就断。

"宝塔牌"的信誉在消费者中开始下滑。

鸿生厂在"大跃进"中还做了一件蠢事，居然跳出火柴的圈子，去办与火柴完全不搭界的所谓"卫星厂"，先后兴办了胥江化工厂、胥江木模型厂、胥江机械厂，其中唯有化工厂持续办了三年，至1960年3月划归了化工系统。其他两个厂的人员则由民丰锅厂和胥江钢铁厂分流了。尽管这期间，鸿生厂也有过局部的技术革新改造，如制作了第一台链式装盒机，代替了繁重的手工劳动，设计制造了刷磷机，改变了手工刷磷的落后工艺，但是，对于急需更新改造的机器设备而言，这一切都显得力不从心。

鸿生厂落个"偷鸡不着蚀把米"的结果：不少技术骨干被抽走了，资金分流了，还被轻工局点名批评过不止一次。

困难面前不低头

当人们从昏昏然状态中醒悟过来时，"三分天灾，七分人祸"的大面积饥荒就随之降临了。市场好像一个永远填不饱的胃，凸现出"吃"的疯狂。（见图21）

图21　农村公共食堂即景

粮食是定粮供应,工人分为月定粮32斤和28斤两类;食油是配给的,每人3两;禽蛋肉都是以两计算配给的。鸿生厂的工人不少人一天只吃两顿,碗里也是半干半稀。有个青年工人发了几句牢骚:"吃的粥汤能照见人影子,困的床铺能扯出棉絮子,上个班饿昏脱脑子,发工资数不满三张票子(拾圆票)。"后来,他被工会小组长举报,以"散布右派言论"遭厂方开除。

据顾老伯说,那一年,他是鸿生厂成品库的工人,还没成家,没有啥负担,"一人吃饱,全家不饿",但是那几个工资连吃饭都成问题。有一天,他咬咬牙买了一只"高价饼",刚刚拿在手里吃,冷不防旁边蹿过来一个蓬头垢面的小男孩,抢过他手里的饼子,一边吞咽一边慌慌张张逃跑。唉,那个年头,人人都饿得恨不能把身上的肉割下一块来吃。

有一个小名叫"阿彩"的女工本来长得苗条如柳,那一阵忽然发现自己奇怪地发胖,两条腿鼓胀起来,眼睛睁得很大看东西也模糊,浑身没有力气,连抬一箱火柴都困难。经厂医检查,她得了"浮肿病",是营养不良加上饥饿引起的。当时有不少人得了这种病。治病的办法很简单,给病人吃饱、吃得营养一点,慢慢就会痊愈了。阿彩上有公公婆婆,下有三个孩子,老公和她得了同样的病,哪里有钱去买吃的喝的?眼看着一家人的日子是实在过不下去了,阿彩就哭着跑到厂工会来求助。工会体恤阿彩的难处,给她一次性补助20元。同组的姐妹们开了一个"会"(民间的一种互助借贷形式),每人按月储2元钱,让阿彩得"第一会",这就又凑到了30元,终于帮助阿彩一家渡过了难关。

阿彩是幸运的,否则只能躺在家里等死。

厂里有几个头脑活络的工人被生活逼得没办法了,下班以后就跟着人家去"做黑市",赚几个辛苦钱。所谓"黑市",就是偷偷摸摸到乡下去贩点大米、禽蛋之类,再偷偷摸摸拿到城里来加价卖,从中赚点差价。那时,官方称这些人叫"投机倒把分子",民间则称这些人叫"黄牛"。鸿生厂有个姓林的"黄牛",去常熟乡下贩花生时被当地警方逮住,押送回厂,偏又不肯"认罪",就被送到西山(今金庭)去劳教了两年。

尽管"瓜菜代"的日子过得相当艰难,尽管全厂上上下下都在勒紧裤带过难关,但是机器照转,产品照出,因为人们并没有丧失信心,相信困难即将过去,光明就在前头。就像厂里的喇叭里天天播放的那首鼓舞人心

的歌《我们走在大路上》,连不识字的女工都会唱:

> 我们走在大路上,
> 意气风发斗志昂扬。
> 毛主席领导革命队伍,
> 披荆斩棘奔向前方!
> 向前进,向前进!
> 革命气势不可阻挡。
> 向前进,向前进!
> 朝着胜利的方向。
> 三面红旗迎风飘扬,
> 六亿人民发奋图强……

苏州市劳模徐标香是装盒间的操作女工,个子不高,胖乎乎的圆脸总挂着笑意,梳一头短发,穿上深蓝色的工装显得干净利落。她在厂里做了快10个年头了,可很少听到她喊一声"苦"和"累"。旧社会,她的一家人住在胥门城墙下的茅草棚里,小时候过冬连双棉鞋也没有。每天早晨,要去码头上拣烂菜叶回家煮着吃,常常被人骂"小瘪三"。新社会,她走上了工作岗位,出来进去都能挺直腰板了,她觉得自己所做的一切都是在为未来的幸福生活增添一砖一瓦。车间里的活,哪儿缺人手,她就去哪儿帮忙。有时,已经下班了,工人们都在收拾衣物要回家了,可她还留下来做着车间的清扫工作。等她忙完了这一切,走出厂门时往往已是繁星满天。有一次,她搬运一只装满火柴的大箱子,一不留神,脚下一滑,箱子掉下来砸在脚背上,脚顿时红肿得有馒头大。车间主任关照她在家休假,伤好后再来上班。可她才歇了一天,就一颠一颠地走进了车间里。众姐妹让她在一边歇着,可她怎么也闲不住,笑道:"我不能搬箱子,可我的两只手好好的,可以装箱啊。"说着,就两手不停地忙碌起来。

《新苏州报》记者前来厂里采访她,问她这样拼命干是怎么想的?

徐标香说得实实在在:"我是工人,总是要做生活的,少做不如多做,因为我们是为自己在做。"

记者又问:"你的目标是什么?"

徐标香笑道:"我能有啥大目标呢,就是一个心眼盼着厂里好,大家的日子过得好,我自己的日子也过得好。"

上面的话,当然是不能见报的,只能留在那个记者的早已纸色发黄的采访本里。但若干年后,我们再来听这个劳模的心里话,是不是比那些豪言壮语更让人感动呢?

正是因为有千千万万个像徐标香一样的普通劳动者极为普通的劳动热情,也正是因为有千千万万人甘心情愿与共和国一起渡过难关,并且坚信"道路是曲折的,前途是光明的",我们才能够从内心唱出:"我们走在大路上,意气风发斗志昂扬……"

历史不可以重复,但生活的河流依然向前流淌。

第六章

暴风骤雨

(1966—1979 年)

第六章

农民暴动

(1966—1979 年)

风乍起,吹皱一池春水

山雨欲来风满楼。

当报纸上连篇累牍地批判"三家村"时,鸿生厂的工人以为这是文化人的事情,与自己风马牛不相及,也就懒得去操心。哪晓得风来了,雨来了,很快就在耳边敲响了一阵阵紧锣密鼓。工人下班时常能看到一些剃着阴阳头的人戴着纸糊的尖顶帽,被红卫兵推推搡搡地游街,一边走一边喊:"我是牛鬼蛇神!我罪该万死!"厂工会用抽签形式,发给工人"抄家物资券",凭券可以到玄妙观大殿里堆满的抄家物资中,以极低廉的价格去选购从人家家里抄收来的物品。有个姓魏的工人幸运抽到一张家具券,用10元钱就购得两只明式花梨木圈椅,40年后有文物收购商愿出30万元购买,他还不舍得卖。

又过了些日子,厂里一些青年工人也轰动起来,喊出了"革命不是

图22　苏州市第二中学内的大字报栏

请客吃饭，不是做文章，不是绘画绣花"的口号，他们要起来造反了。造反的标志就是在进厂门一侧墙上贴满大字报，批判对象是"大资本家的走狗""反革命工头""漏网右派"，还有一些罪名虽然最能吸引看客，但总是上不了台面，像"破鞋""资本家的姘头"等。（见图22）

造反的第一个目标就是挂在厂门口的那块厂牌，"鸿生"二字被红漆打上叉叉，社会主义的工厂怎能为大资本家涂脂抹粉、树碑立传呢！后来觉得涂上红漆的厂牌不好看，就用白纸糊上。有人出主意说，既然苏州的观前街改成了"东方红大街"，几个区也都更名为"延安区""红旗区"什么的，索性就叫"延安"或"遵义""井冈山"火柴厂吧。但多数人不赞成，说不是名字不好听，就怕真的"延安火柴厂"或者"遵义火柴厂"找上门来造反，那就麻烦了。索性就去掉万恶的"鸿生"二字，就叫"苏州火柴厂"吧。之后，各造反组织都冠以"苏州火柴厂××战斗队"。

造反的第二个目标是工厂管理中的"管、卡、压"，当头的倒霉了，规章制度倒霉了，所有想好好做工赚钱的人都倒霉了。鸿生厂历年来形成一整套企业管理办法，得到市轻工局的肯定，这时被完全废弃。厂风一向很正的企业，这时频频出现劳动纪律松弛现象，一些青年工人想来就来，不想来就不来，谁也管不了谁。以前工人看见地上有一张片子、一根梗枝、一只盒子、一页包封纸，都会随手捡起来归好，这时车间里梗枝满地，片子乱丢，成堆盒子扔在地上被人踩。特别是用料方面，原来都是核算后再做，这时是做后再核算或干脆根本不核算，浪费现象极为惊人。

1967年全年火柴产量仅为15.4万件，1968年是17.03件，跌到了历史低谷。

造反的第三个目标是工人阶级内部的分裂，鸿生厂分成两派，相互攻击，文攻武卫，闹得不亦乐乎。可怜一些默默坚守生产岗位的老工人忍不住摇头叹息，这样乱下去到哪一年是个头啊。

劝人为善守本分

林师傅是库房里的涂磷工,一向兢兢业业,老实本分,看见厂里的两派组织因为观点不合而发生械斗非常痛心。一天夜里,他悄悄来到鸿生里找到自己过去的徒弟、现在的"战斗队"小头头,语重心长地对他说:"我们是工人,归根到底还是要做工的,靠做工赚钞票养活家人,你到处乱闯打打闹闹,将来要后悔的。"

徒弟起先不肯听,说自己是捍卫革命路线,为革命哪能顾得上个人利益。

林师傅摇摇头说:"听我师傅说,我们鸿生厂出过真正为革命的三兄弟,被枪杀在雨花台,那是革命烈士,上谱的。你们这样闹下去,工厂里的生活不做,我看总归不是个事。"

徒弟低头不语。这时,林师傅从口袋里摸出20元钱塞到徒弟手里,晓之以理,动之以情:"拿着,给你老娘买点好吃的。你的老娘病在床上半年多了,喝口茶都没人照料,你下了班还在外面瞎忙个啥啊。"

徒弟听后,感激地点点头。之后,他很少去"战斗队"了,变成了厂里的"逍遥派",像林师傅一样"不问革命,只问生产"。

过了一年,到"一打三反"运动来临时,厂里几个造反派头头都进了学习班,而林师傅的徒弟因为及早抽身而退,只要"说清楚"就行了。30年后,徒弟还是非常感激师傅:"幸亏师傅提醒我,我没有跟他们(造反派)走得太近,否则也是吃不了兜着走。现在想想,师傅的话是很有道理的,工人靠两只手,踏踏实实做生活,赚钞票过好日子最要紧。"

1967年7月26日,厂区内武斗升级,所有车间被迫停产,达两个多月。这期间,仓库存有危险品氯化钾计28吨,全部搬运到位于平门的苏州阀门厂,两年后运回,其中有1.5吨在武斗中损坏。

这时的厂区好像变成了格斗场,进进出出的人手里提着大刀,头戴柳条帽,满脸杀气。与此形成对比,食堂里有一个人却低头哈腰地埋头干活。厂里人叫他"老右",他不姓右,却实实在在是1957年厂里划的

"四大右派"之一(1979年5月才纠错平反)。当那些挥刀弄枪,整天喊着"下定决心,不怕牺牲,排除万难,去争取胜利"的人在厂里横行时,老右被逼着在食堂里烧水烧饭。一天,有个造反派小头头吃饭吃出了一粒沙子,顿时火冒三丈,指着老右的鼻子骂:"你他妈的是活腻了,老子在前方干革命,你在后方烧顿饭都不会啊!"老右唯唯诺诺,一个劲儿说自己"有罪"。那人还不放过老右,立逼着老右把他吐在桌上的那口含沙子的饭吃下去。老右低着头求饶。那人不依不饶,幸亏一旁有人出来打圆场说:"算了算了,都是鸿生厂的工人,抬头不见低头见,饶他这一回吧。"老右强装出笑脸,低头哈腰地走了。

1968年3月15日,鸿生厂"东方红"和"联指"两个造反派组织实行大联合。两个月后成立"苏州火柴厂革委会",提出"抓革命,促生产",各车间的机器开始恢复正常运转。老右离开了食堂,回到车间里,仍旧推起了他那辆板车,从车间到仓库来来回回跑。后来,在揭发那个小头头在武斗中犯下的罪行时,厂领导要老右出来作证"食堂事件",老右低着头,"嘿嘿嘿"笑着,不说是也不说不是。

当一个人的脸上烙下"罪恶"的火漆印后,他的自尊心就像水一样被泼到了地上。

鸿生厂有个青年女工小金,高中文化程度,平时喜欢看点文学书,还喜欢记点日记。她在日记中记录了武斗结束后第一天上班目睹的情景:

我走进厂门,简直就像走进一个还没有来得及清理的战场。写字楼屋顶上的瓦片撒落一地,窗户玻璃有一大半被打碎了。车间前的走道上堆着沙包,垒成一圈,像战争片里见过的掩体。墙壁上有多处弹孔。食堂的墙壁上是用排笔蘸了墨汁写上去的标语"血战到底",饭桌好多是翻转过来阻挡门和窗户的……

第一天上班的姐妹们都在议论谁谁被打伤了,是谁谁打的;谁谁到谁谁家去抄家,人家祖上留下来的一只金镯子不见了;谁谁谁其实和谁谁谁有怨仇挟私报复……

唉,我的姐妹们啊,还是收收心干活吧。

(据2005年采访记录整理)

几个造反派头头很快被收进在苏州西郊办的学习班,一去就是半年多。从学习班出来不久,那个小头头就上了轻工局"安家落户光荣榜",全家下放去苏北射阳农村。当时的报纸上有句口号:"我们也有两只手,不在城里吃闲饭",苏州城里有近千户人家举家迁往苏北乡下。全家下放人员分为两种,不带薪的和带薪的,前者主要是工人、城市手工业者、无业人员,只发一笔安家费,平时与农村社员一样挣工分;后者主要是事业单位人员,月月有工资。他们去乡下,待遇自然不同,后者好比东晋陶渊明归园田居,可以笃笃定定过日子,柴米油盐有工资罩着,虽没有"采菊东篱"之乐,却也有"悠然南山"之趣;前者就惨了,农民不待见,因为他们是来与农民抢工分的,农活干不来,日子过得相当艰苦。

鸿生厂有人去胥门轮船码头欢送本厂到苏北安家落户的那家人,看见装在船舱里的锅碗瓢盆、破藤椅、旧衣橱,本想说一声"活该",却一句话也说不出来,只有眼泪涌出来。

相见时易别时难。这家人等了10年才重返故乡,下乡时的中年人这时已是两鬓斑白老态龙钟了,看到厂里的熟人急忙躲开。

重振旗鼓抓生产

狂风骤雨过后总是留下一地枯枝败叶,还有被浇湿的一切也急待清理。

但,鸿生厂终于恢复了满负荷生产。从1971年下半年起,为节约木材,以纸代木,用纸质外壳代替木质外壳,每万件火柴耗用木材从174立方米降为145立方米,但因为纸盒成本高,比原用木材每件(1000盒)要增加成本1元左右,所以,当年的上缴利润有所回落。

1973年,火柴产量骤然上升,达31.73万件,比1967年增长1倍多。

1982年,全年产量达40.32万件,创历史纪录。各项经济技术指标全面回升,特别是利润指标更为突出,从1976年上缴利润46.8万元到1982年的122.86万元,猛增了1.6倍。

以1982年为计,当年全厂职工人数为712人,其中固定工676人,技术人员 11 人,退休人员为 475 人;全员劳动生产率为 8322 元/人,全年发放工资总额为 557044 元,其中奖金为 98637 元。

走上生产快速道的鸿生厂深知各项规章制度是企业生存和发展的保证。他们经过由上而下、由下而上的大讨论,建立和健全了岗位责任制和报表制。岗位责任制在生产车间中将经济责任指标细分为 318 项,落实到班组和个人,职能科室也均有职责范围和奖惩办法。报表制细分为生产管理 46 种、财务管理 32 种、物资管理 24 种、质量管理 17 种、劳动管理 15 种、安全管理 28 种、生活管理 15 种、设备管理 14 种、职工教育管理 4 种等报表制度。

一个有章可循的工厂才有生存之路、振兴之路。

"安全"二字记在心

火柴是用来引火的,生产火柴最要紧的却是防火。

建厂初期,厂里就对控制火种、防止火险制定了严格的规章制度,特别是不允许任何人在车间、跑道、仓库等处吸烟,如违反规定,轻则罚款,重则开除。

刘鸿生就在职工大会上说过:"防火安全是鸿生厂最要紧的事情。天王老子都不能违反规定,携带火种进厂。谁要是违反规定,别怪我刘鸿生不客气。我要对工厂负责,对工人负责。"

1932 年,鸿生厂为处理生产工人违犯厂规在厂区内吸烟和防火训练等事,曾连出三个通告:

通告 第 14 号

查工场内吸食纸烟,为任何工厂所明定禁止之一事。本厂亦屡次通告在案,唯职员工友中明白事理者固占多数,不知轻重者亦属在所难免。诚恐日久玩忽,故再重申告诫,自即日起凡吾职工如再犯有前项情事,立予解雇,决不姑宽。

特此通告。

通告　第15号

　　查禁止吸烟,早经通告在案,乃本日上午经考工员查觉,排板部工友姚××,在机器间前,公然吸食,殊属明知故犯。又,该部工友劳××,则踞机器间内手持纸烟半枝,正将燃吸,亦有不合。除姚××一名立予解雇外,尚有劳××一名从宽着记大过二(疑为"一",作者注)次,苤徼将来,而戒效尤,特此通告。

通告　第61号

　　为通告事,查工厂安全设备,着重消防。本厂消防虽有组织,但尚缺少训练,故临事不免惊皇失措。为此木特无牌火警,抑亦有紊秩序,兹为力求整顿计,决自本年一月份起每月实行演习一次或二次,时间不限,以鸣钟为召集之信号。各工友闻钟声,希即共赴演习处所,各司其事,努力演习。俾警讯即传扑救,随至养成自助助人之美德,幸勿托故回避,本厂有厚望焉。

　　特此通告。

(摘自《鸿生厂志》)

　　公私合营后,鸿生厂对安全生产抓得更紧,尤其是预防火险,几乎逢会必讲。

　　1979年起,鸿生厂建立了各级领导安全生产职责、事故调查报告分析、安全生产教育等制度,规范了操作流程、登高作业、动用明火等各项安全措施。

　　仅从1978—1982年的工伤统计,就可看出鸿生厂对安全生产抓得有多紧:

1978年　工伤24人次　病假天数234天　工伤类型:轻伤
1979年　工伤12人次　病假天数162.5天　工伤类型:轻伤
1980年　工伤15人次　病假天数470.5天　工伤类型:轻伤
1981年　工伤12人次　病假天数217天　工伤类型:轻伤
1982年　工伤2人次　病假天数28天　工伤类型:轻伤

(摘自《鸿生厂志》)

　　历年来,鸿生厂对"三废"处理也是竭尽全力。原来的锅炉间长期以来直接排放烟尘和二氧化硫气体,严重影响周边环境。这是老设备的通风管道老化所致。1982年10月,报废了原来的2吨KZG2—8锅炉,换上新型的KZL4—73锅炉,根治了废气污染源。

生产车间所排放的工业废水,按国家规定每升含纯铬不得超过10毫克,但鸿生厂长期排放的工业废水每升含铬竟为44.2毫克(据1982年环保部门的抽样检测),达不到规定的排放要求,数次受到环保部门的黄牌警告。

粉尘污染主要发生在烘梗机、连续机和白药房。噪声则来自于各生产车间的电动机、鼓风机等,都达不到规定标准(新厂房不超过80分贝,老厂房不超过85分贝),1982年实地检测出噪声为90~108分贝。

上述的"三废"治理似乎比预防火险的难度更高。即便是对付祝融君(火神),也仍然是百密仍有一疏。

1956年11月,轻工部下令鸿生厂试制生产军用及出海渔船所用的、能抗12级台风的防风火柴。接受军工任务后,工厂技术人员跃跃欲试,加班加点研制,很快小样试制成功并投产,并与中百公司订好1000件的购销合约。但是,鸿生厂的试制属土法上马,操作设备简陋,又没有严格的安全措施,试制现场竟酿成一场重大火灾。当时有个装盒女工跑进车间与人交谈,影响了操作工的工作,不慎将防风火柴板子碰到机器,立即引起燃烧,火势迅速蔓延,温度蹿升到1000多度。技术员沈昌培因来不及躲避,全身着火,被严重烧伤,经医院全力抢救才挽回生命。女工纪大毛见火势很凶,一时心慌意乱,不懂得全身衣服着火后要卧地滚翻出车间,后因伤势过重,救治无效死亡。火灾发生后,轻工局立即下令鸿生厂停止试制防风火柴。

1980年7月15日晚8时许,火柴车间喂料机上面堆放干梗的阁楼起火,迅速向干梗仓库蔓延,火势腾天,浓烟弥漫了半边天。虽经多方扑救,火势到次日凌晨4时30分才完全控制住。大火足足燃烧了8个小时,烧毁干梗折合原木约76.13立方米,阁楼、干梗库内的所有电器装置和7台电动机全部烧毁,经济损失约14537元。

新大楼二楼楼板烧坏,全厂因此停产两天。

那一场大火,震惊了鸿生人。痛定思痛,当时的厂长陆寿官围绕火灾过后的废墟转了好几圈,回到会堂里,在全体职工大会上心情沉痛地说:

一场大火,烧毁的不仅是车间、库房,还有我们这些干部的安全责任心。我和大家一样心情非常沉痛,也非常自责。这么多年来,我们一直念念不忘安全生产,尤其是把防火放在重中之重的位置上,但还是出现了疏忽大意,导致国家财产蒙受损失。

火灾惊醒了我,也惊醒了鸿生厂所有员工,防火千万不可有一丝一毫的马虎。千万不可以说起来重要,做起来次要,忙起来不要,不怕一万,就怕万一。我们承担不起这个重大责任。所以,从现在起,我们的脑子里就要绷紧安全生产这根弦,绷得紧一些,再紧一些。

(据2005年采访记录整理)

站在废墟前深感沉痛的岂止是陆厂长一人,有个姓汪的老工人竟哭了起来,抽泣着说:"我进鸿生厂快30年了,厂子就像是我的家。一场大火把我的家烧掉不少,我看着就心疼啊!水火无情,一个不小心就酿成大祸,小心驶得万年船,为啥有些人就是听不进去呢?"

老工人秦师傅是个"老烟鬼",他调到鸿生厂后,听说上班时不能在车间里吸烟就非常头痛,烟瘾上来时,更觉得浑身乏力。秦师傅的妻子对此十分赞同,说这是好事啊,吸烟不但对身体没有好处,还浪费钞票。她劝老公赶快戒烟。秦师傅无奈地说,我有了20年的烟龄,是说戒就能戒的吗?但是,鸿生厂的规定是铁板钉钉的,违者必罚。与辛辛苦苦谋得的一只饭碗相比,一支烟终究是小事。秦师傅咬咬牙把烟戒了,实在烟瘾发作时就掏出一颗"桉叶糖"(薄荷糖)来嚼嚼。

那一年,从科室到车间、从班组到个人,都开始逐一对照安全生产条例,寻找差距,看看有哪些方面做得不够,哪些方面还要补充和加强。鸿生厂掀起了一个"人人讲安全生产,个个守安全条例"的热潮。

火无情,水也无情。1991年7月起,苏州连降暴雨,环城河水猛涨。水漫过了石驳岸,涌进鸿生厂,厂区顿时成了一片汪洋,积水最深处达60厘米。机器都泡在水里,成品仓库里的东西都转移到了高处。7月8日那天,时任轻工部火柴协会会长的陈淑兰致电鸿生厂,对员工积极投入抗洪救灾表示慰问,希望尽快恢复生产。那几天,工人们冒着大雨,在车间四周筑围堰,用抽水机向外排水。老李患有关节炎,一到阴雨天就会隐隐作痛,可他顾不上这些,披了一件塑料雨披,站在水里帮着搬运沙袋。工友劝他上"岸"歇着,老李摇摇头说:"我的腿老毛病了,不关事的,看到厂里的机器还泡在水里,我怎么能歇得下来。"

　　一周后,雨停了,水退去了,厂区到处是泥浆。工人们在打扫道路、车间时,意外抓到了一条半尺长的鲫鱼,还鲜蹦活跳的。

第七章

百年回眸

(1980—2004 年)

第七章

日本回収

（1980—2004年）

鸿生厂也有"乐园"

说起火柴,人们就会联想到"有毒""危险""劳累""龌龊"这样一些字眼。因此,很长时间,胥门一带的人都把鸿生厂称为"叫花子厂"。其实,这只是看到鸿生厂表象的一面,另一面则是"乐园"般的工厂。

《苏州日报》曾经在一篇报道中送过鸿生厂"乐园"这一雅号。

何以见得?乐从何来?

让我们分别从职工住房、食堂、教育、医疗等生活服务项目说起吧。

早在1920年建厂时,刘鸿生就着手建造"鸿生里"工房,计楼房上下60间,后排为平屋30间,总面积为2628平方米。当时除苏纶厂的老板严裕棠有此大手笔外,鸿生厂是数一数二的。办厂头两年,从绍兴、宁波等地招来部分技术人员,厂里就在城内学士街、庙堂巷、富郎中巷等处购买一批老式住房来安置职员,面积总计1500平方米。

1956年,为安排单身职工住宿,鸿生厂在泰让桥堍、盛家弄购置一幢楼房,安排20多人居住。1979年,投资32万元,在鸿生里后面与原味精厂合建3幢5层楼计5000平方米,每户配有卫浴间、厨房间。通过评议、置换、调配,解决了99户工人的居住困难。

建厂初期,在厂区南面建有小花园,内有假山、花卉、果树、桂花树、葡萄架等,还建有亭子一座,开挖小池一面,池内养金鱼,池边植花草,职工在劳作之余可在这里下棋吃茶,谈天说地。后来,因为"深挖洞"(挖防空洞),就把小花园统统铲光了。专职花匠还在,直到1981年,厂里还专门拨款搞绿化,盖起一间玻璃花房,内有各类花卉盆景80多种,车间外的空地上也建了一个小苗圃,种树20多棵。

住的地方有了,工人吃得也不差。建厂初期,鸿生厂就有工人食堂和职员食堂各一处。职员伙食由厂里供给,吃得较好;工人则吃大锅饭,相对较差。新中国成立后,厂里设立膳食委员会,取消工人、职员分食吃的大、小食堂,统一为10人一桌制,从发放工资中结算伙食费。食堂配有专职厨师3人,每天列4种菜单,隔日公布品种。每天供应米饭、面条、点心和荤素菜达10多个品种,还有点菜、小会餐等福利待遇。每天就餐人数约500人次,代蒸饭的约600人次。

工人的孩子也由厂里管。建厂初期即设有大托、小托两个班。新中国成立后，托儿所搬迁新址，建有大小卧室、教室、儿童营养食堂、活动场地等，扩充了招生人数，配备专职保育员11人。托儿所里还添置了风琴、荡船、小自行车及各种玩具。每逢儿童节，厂里就会分送儿童汗衫、毛巾、糖果、饼干给孩子们。1982年，托儿所受托儿童达82人。有一年儿童节，鸿生儿童排练《小小向日葵》的歌舞参加局里的比赛，还获得过奖状呢。

　　鸿生厂的工人夜校有光荣的历史，是地下党开展活动的基地。新中国成立初期，工会重开夜校，配有专职教师2人，吸引几十名青年工人参加夜校学习。每天在日班下班后，工人自觉聚集到夜校里来读书。夜校分设扫盲、初小、高小等班级，辅导工人学习文化知识。到1958年4月，夜校再次扩班，在原有班级基础上增设初中班，并将学习成绩优秀的工人向市、局举办的文化技校输送。同时，厂里还举办中层干部的半脱产文化班和珠算班。这时，夜校入学人数达317人。

　　1967—1976年，厂校停办。

　　1981年国务院发出的《关于加强职工教育工作的决定》中指出："职工教育是开发智力、培养人才的重要途径，是持续发展国家经济的可靠保证，它同现代化建设的成败有极其密切的关系。"苏州市政府相应出台了《关于青壮年职工文化技术补课的若干规定》。经统计，1981年全厂在册职工中青壮年占总人数的60%。按规定，1968—1980届的初、高中补课对象222人都参加了全市文化普测，结果语文、数学两门课都及格的仅4人，语文单科及格的为16人。这说明"双补"教育面广量大。为加强职工教育工作，厂里成立了职教领导小组，配备专职教师和办学干部3人，"双补"人数为166人。经过市统考，数学单科及格人数为14人，语文单科及格人数为144人。1982年下半年开设2个数学班、1个语文班，入学人数为185人，到期末统考，数学单科及格人数为49人，语文单科及格人数为145人。

　　建厂初期只有专供职员使用的小浴室，烧的是煤，不定期开放。新中国成立后，建起男、女大浴室243平方米，改用蒸汽加热。女浴室全部采用喷淋设备，在夏季天天开放，冬季则不定期开放。不少非鸿生厂的家属要混到厂里来洗一把澡，还得求厂里人帮忙呢。此外，厂里还置有煮水炉,在夏季和冬季都能全天供应开水。工会在每年春季还发给工人半斤新茶。

建厂初期鸿生厂就与私立吴光民诊所挂钩,凡本厂职工生病,经账房间工务科开出介绍信到该诊所就诊,医疗费用由厂方承担。1951年,吴光民医师歇业转入鸿生厂做厂医,带来护士2人,厂医务室建立。1956年,厂医务室扩充至西医2人、中医1人、护士2人,初具医疗规模,并与市、区两级医疗机构特约就诊。1982年,厂医务室经市卫生局验收合格,批准为一级卫生所,设有门诊室、治疗室、药库、化验室、观察室等,面积有72平方米。卫生所担负职工700人、独生子女100人、家属劳保200人、退休职工500人的门诊治疗。

老有所养夕阳红

鸿生厂500多个退休职工是幸福的。1981年的新年,退休职工们聚集到厂里,老兄弟、老姐妹相聚特别高兴,都想把自己最快乐的事情告诉对方。厂工会买来了糖果、桔子,老人们吃着就觉得生活像糖果一样甜蜜,像桔子一样年年吉祥如意。老王师傅拿了几颗糖舍不得吃,说要带给姐妹们尝尝,"厂里关心伲退休职工呢"。

周师傅现在的退休工资是2538元,问他钱够不够花,他笑道:"够花了,比上不足比下有余。你看我们老夫妻省吃俭用,每年还能省下一点钱,跟着'夕阳红'去旅游。我们去过湖北的张家界、福建的武夷山,港澳游都潇洒过一回了。"周师傅现在跟着女儿过,帮着带外孙女。说起外孙女那张苹果般小脸上花一样的笑容,周师傅的话就像一个线团,随便扯出一截,都能拉出很长很长。

老金,名卫国,与"保卫""抗美""援朝"一样,一看就晓得是生于20世纪50年代初的人。

老金留着板刷头,头发已经杂白,退休了,也不闲着,快活得很。他从牙缝里抠出钱来,买了一只单反相机,骑着一辆单车满城游。花鸟鱼虫但凡入了他的法眼,镜头下便有了不同寻常的情趣。闲暇,老金就喜欢在电脑上欣赏他的杰作,他摄影并不完全是为了发表,而是为了"玩",寻点乐趣。对于年过六旬的人来说,心境快乐不是最高的生活奖赏吗?

老金有空就会骑上单车背个相机到城郊转转,看看山看看水,心情就舒畅一些。不过,这一阵有点潇洒不起来了,又添了一个外孙女,老两口要帮着带两个孩子。不过,老"玩童"的性格想来不会变。他说:"在厂里忙了大半辈子,人老了,该享受享受生活了。"

享受生活,最要紧的是心情快乐。鸿生厂也有些老人吃不愁穿不愁住不愁了,就是脸上少了一点笑。他们待在家里无事可做,电脑不懂,微信不会,跳广场舞怕累,出门走走又觉得没啥意思。于是,一大早就把电视机打开,从《东方时空》一直看到《午夜新闻》。其实更多时间也不是在看电视,因为一坐到荧屏前,看着看着就会眯上眼睛睡觉了。他们最怀念的就是在鸿生厂上班的日子,有那么多兄弟姐妹在一起干干活、说说话多好。厂工会曾经提出过建立"退休职工之家"的设想,解决这部分老职工的"生活无聊"问题,设想还没变成计划,鸿生厂就关门歇业了。

老有所养,人有所住,病有所医,学有所教,孩有所托,难怪《新苏州报》在报道鸿生厂的变化时会用上"乐园"二字,这在苏州的中型企业中并不多见。

一个人能无所顾忌地从事某项工作并获得相应的回报,这无疑是一件快乐的事;一个工厂能为工人提供这些福利待遇,在物质尚且匮乏的年代,也是不可多得的。

腾笼换鸟闯新路

小小一根火柴点亮了百年,到了20世纪80年代初期,火苗渐渐变弱了,变小了,熄灭了。曾经作为千家万户必备日用品的火柴,逐渐被打火机、电子点火棒、自动点火灶所替代。尽管鸿生厂曾动过"火花"(火柴商标)的脑筋,先后开发出"风景系列""园林系列""红楼系列"等旅游火柴,在火柴的包装上也动过改进的念头,但传统产业终究难敌高科技的神奇力量,在消费市场上遭遇了"滑铁卢"(见图23—图29)。尽管1984年火柴产量达到历史最高点的44.40万件(每件1000盒),且无产品积压,次年的经营利润还创下152.3万元的破天荒纪录,但是仍然无法挽回逐步衰落的局面。

图23 鸿生火柴厂火花

图24 鸿生火柴厂（苏州火柴厂）火花（一）

图25 鸿生火柴厂（苏州火柴厂）火花（二）

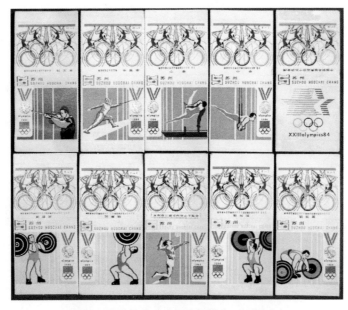

图26 鸿生火柴厂（苏州火柴厂）火花（三）

图 27　鸿生火柴厂（苏州火柴厂）火花（四）

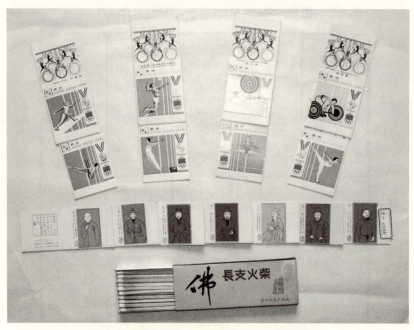

图 28　鸿生火柴厂（苏州火柴厂）火花及产品

1991年全厂亏损38.54万元。1992年亏损357万元,当年10月,厂方为摆脱持续亏损、资不抵债的窘境,开始探索新的生存之道。

这样的结局并非只是鸿生厂的遭遇。随着18种消费品从相关国计民生的目录中取消,很多过去热销的商品逐渐淡出了市场,如雨鞋、油纸伞、煤油灯具、电子管收音机、木桶制品、搪瓷器皿、棉布鞋等。需求是激活市场的第一要素,无需求也就无市场。

夕阳西下,天边虽然残留一片橘色的霞光,但毕竟已近黄昏。"黄昏产业"与"朝阳产业"不可同日而语。

图29　鸿生火柴厂
(苏州火柴厂)产品

从环保角度看,鸿生厂的"三废"治理也是一个头痛问题。它地处古城区边缘,对周边环境影响很大,所以,关厂歇业已经到了迫在眉睫的地步。

"我们不能在一棵树上吊死。"

"活人哪能让尿憋死。"

"办法总比困难多,办法是上下一心想出来的。"

这是当时鸿生厂上上下下说得最多的话。缩小生产规模,扩大"三产"经营,堤内损失堤外补,这些想法是不错,但真要实行仍然有很多非议,褒贬不一,反响强烈。但是,大势所趋,不这样做就没有出路。

1994年底,鸿生厂开始"腾笼换鸟",移地生产火柴,腾出老厂区引入资金和项目,调整产业结构,在厂区内开办苏州市粮食批发市场、果品批发市场、名流家具城、苏州商业大厦五化交分公司等"三产",当年就实现扭亏为盈。这几个市场分流了富余职工408人,安置204人,达到了减员增效的目的。

市场毕竟是市场,就像一棵树一样,它要壮大、充实、更新自己,才能抵御狂风暴雨。但是,鸿生厂的"三产"先天不足(如资金、经营管理、营销策略),对市场经济缺少风险性评估,通俗一点说就是"不大会做生意",没过几年,这几个市场就变得不景气了。接下来就是一个更为严峻的问题摆到了所有鸿生人的面前:关闭歇业。

"狼"真的来了,但它并不可怕,因为在鸿生厂倒闭之前的1998年4月,江苏省政府就下发了《关于进一步做好下岗职工分流安置和再就业工作的通知》,为职工下岗分流制定了具体的安置办法,或者说给下岗人员吃了一颗定心丸。

苏州也出台了一系列再就业政策,解除下岗工人的后顾之忧,如对失业人员就业与再就业技能实行免费培训,劳动主管部门、有条件的社区纷纷开设"中式面点""西式面点""会计考证班""网上开店与经营"等热门专业培训,提高再就业技能。经考核合格者发江苏省人力资源和社会保障局就业培训结业证书,或国家职业资格证书、岗位合格证书,凭证上岗。

2004年,苏州进一步调整完善再就业优惠政策。在政策允许和财力许可的情况下,扩大了"再就业优惠证"发放范围和社会保险费补贴范围,同时,增加了公益性岗位的开发,提高了劳动保障协管员工资。只要有过国有、集体企业工作经历的人员,在其失业后领取失业保险金期间,也可以领取"再就业优惠证";原来社会保险费的补贴范围仅限于在社区公益领域就业和被服务型、商贸企业录用的"4048"(女40岁、男48岁)人员,后进一步扩大到所有企业的"4048"人员;社区公益性岗位的补贴也适当提高,与周边地区接轨;同时将社区概念延伸到社会,除了现有的"四保"(保安、保洁、保绿、保养)岗位外,将开发一部分社会公益性岗位,使这部分公益性岗位上的"4048"人员也能享受补贴政策;适当提高劳动保障协管员的月工资水平;对低保户和申请列入低保户的将优先提供岗位等。

2004年2月11日,鸿生厂职工民主管理小组对《苏州火柴厂企业关闭歇业及人员分流方案》进行审议,经15名职工代表讨论通过了这一方案。

2004年3月1日,按照苏劳社监〔2002〕18号文件、苏改办会

〔2004〕4 号文件精神，正式启动人员分流安置工作，至 5 月 31 日结束。这次分流安置计 220 人，其中 1 人经疾病鉴定符合 4 级标准，办理因病退休；1 人因肢体残疾由劳服公司托管；解除劳动合同一次性给予补偿的职工 91 人（俗称"买断工龄"），合计支付一次性补偿金 1885800 元、奖励金 763200 元，平均每人给予补偿 29110 元；解除劳动合同协议保留社会保险关系 127 人（俗称"协保"），合计支付社会养老保险金 5871805 元、医疗保险金 19656 元、档案托管费 83370 元、奖励金 1482000 元，平均分摊到每人 58715 元；补发离岗挂编人员生活费 83130 元。

2005 年 1 月，鸿生厂的国家税务局税务登记被注销。

2005 年 1 月 12 日，鸿生厂的文书档案、财务会计档案经验收合格后移交苏州市档案馆。

2006 年 5 月，鸿生厂的地方税务局税务登记被注销。

走过去，前面是个天

船舱漏了，船锚锈了，船钉朽了，船帆落下来了，从风雨中归来的百年老船终于搁浅在市场经济大潮的沙滩上。

船上所有的人不能不为自己的前途担忧。

小黄是 1970 届工人，进鸿生厂有 15 个年头了。她自从听说鸿生厂要倒闭了，工人采用"买断工龄""协保""提前退休""分流转业"等方式安置后，半个月里就没睡过一个安稳觉。像小黄一样，鸿生厂的工人们都在揣测、打听、随时交流舱来的各种消息。尽管有些人平时嫌厂里的活太重太累太不安全，一肚子"怨透怨透"的牢骚话，但厂子一旦真的要倒闭了，都显得有些恐慌，好像被逼到了悬崖边上。这是一条航行百年的帆船，尽管帆破旧了，船舱里还有不少窟窿，但真的要所有人弃船而去，说不出的留恋、惋惜、感叹、失落。

市场经济充满了优胜劣汰的竞争、机遇，使鸿生厂的每一个人都面临着一场涅槃重生。

中年女工张师傅下岗后一度很困惑，家里有孩子要上学，生活处处都得用钱，自己文化水平低，年龄偏大，没有特长，以后的生计怎样来维持啊？就在她感到很茫然的时候，社区工作人员来到她家，耐心地劝导、鼓励她，并列举一些下岗创业的典型事例说给她听，使她逐渐找回了自信："没有翻不过去的山，只有停下来的脚。"社区工作人员帮助她找了一份临时的活儿，能维持暂时的生活。然而，临时性的工作并不是维持生活的长久之计，张师傅还是经常为这件事而着急。劳动局为下岗失业人员开办的"创业培训"让她看到了希望。通过一期的培训学习，她了解到当前的政策，初步掌握了自己创业的基本知识，消除了一业定终身的思想观念。下岗再就业要面对现实，要自强、自立、自信，就要去寻找自己的就业天地。

2006年11月，苏州市总工会向她发放了5000元的创业基金。她再向亲戚借了点钱，租来门面开了一家五金水暖店。由于她服务热情，讲诚信，重质量，开业以来回头客不断，很多人是先付款后拿货，这样就解决了她周转资金短缺的难题。信心是成功的基础，她不断增加经营品种，添置设备，买了三轮车送货上门，特别对那些老年人、残疾人等行动不便的人电话送货，风雨不误，每次都重复一句话，"有质量问题保换"。她的努力付出得到了应有回报，生意越做越红火，水暖店的效益年年攀升。张师傅说得好："人不能在一棵树上吊死，只要甩开自己的双腿去走，路总是有的，再高的山也能翻过去的。"

老赵是个脑子活络的人，开始盘算自己的未来。买断工龄，能得到一笔钱，这笔救命钱花光了怎么办？人无远虑，必有近忧，再不能"等靠要"了。他连夜奔赴浙江亲戚处商量。亲戚是运输单干户，这几年靠跑运输挣了不少钱，购置了3台卡车。老张想去学学驾驶，下岗后就跟着亲戚跑运输。"带我混一口饭吃吧。"老张顾不上面子了，求亲戚无论如何帮自己渡过难关。亲戚正好也发愁人手少，有自己人愿意来干运输这苦活，就很爽快地答应了。老张心里有了谱，就不再愁眉苦脸了，逢人就说："饭碗要靠自己去找的，下决心去找，就能找到自己的饭碗。"

你若失去了饭碗，那你只是失去了一点儿。

你若失去了生活的自信，那你就失去了许多。

你若失去了面对困难的勇气，那你就把一切都失去了。

女工小周打算自己开一家小店，做点服装生意。她的邻居在常熟批发市场做服装批发生意,这几年赚了不少钱。小周找到邻居,希望能在她那里拿货,价格便宜点,邻居很爽快地答应了。小周发愁的是开业资金,租门面房、装修、进货,肯定需要一笔不小的资金。她想问婆家借一点,娘家借一点,再把自己买断工龄的钱搭进去,估计就差不多了。所以,鸿生厂倒闭前的一阵,她的心思不在厂里,成天在外找门面。后来,她的服装店开张了,享受税收优惠,生意做得风生水起。厂里有个小姐妹,一时没有找到工作,急得像热锅上的蚂蚁,小周就把她请到自己的小店里,让她帮着守守店铺,自己则一门心思去把生意做大。

老李师傅是老实人,既没有资金,也没有人脉关系,只能听天由命,成天唉声叹气。社区主任住在他的楼上,看到老李这愁眉紧锁的样子,心里很着急,就安慰他:"天无绝人之路,只要肯做,总归是能找到工作的。"后来,社区主任给他找了一份保安的工作,月薪800元,夜班津贴加奖金300多元。老李知足了,干得十分卖力。一天夜里,有个毛贼翻过小区的围墙,钻到底楼人家偷东西,正好被值夜班的老李撞见。他拿起木棍就追过去,毛贼仓皇出逃,逃出半里多路,还是被老李一把擒住了,扭送到派出所。小区居民都称赞老李是一个"恪尽职守的好保安"。

还有不少鸿生工人下岗后,又在胥门水果市场、超市、私营企业里上岗了,好在鸿生工人大多数都有一股子肯吃苦的劲儿,在新岗位上也能做得很出色。

有时一扇门虽然关上了,其余的门其实都是敞开着的。

老陈是扬州人,年过五旬,进鸿生厂当临时工才3年就丢了饭碗。可他挺乐观的,租住在人家单元楼的楼下车库里,白天就在小区门外摆个修车摊。他那紫酱色的马脸上总挂着笑。遇上熟悉人,还喜欢说笑几句。小区物业要招一个清洁工,月薪800元,问老陈肯不肯做。老陈笑道:"没问题,我来做。"第二天一早,他就拿个扫把上任了,这门进那门出,把每个单元楼道扫得清清爽爽。大冬天的,他就穿件棉马夹,头上还直冒汗,一边扫,一边哼哼家乡的《拔根芦柴花》:"叫呀我这么里呀来,我啊的就来了,拔根的芦柴花花,清香那个玫瑰玉兰花儿开,蝴蝶那个恋花,牵姐那个看呀……"他的扬州方言带一点卷舌音,嗓音又有点沙哑,听来十分有趣。

老陈的老家在扬州乡下，孩子在苏州上大学，他就跟着进城了，托人进了鸿生厂做搬运工。鸿生厂关门了，他就摆车摊挣钱。夏天的车库里热得像蒸笼，冬天冷得毛巾冻成了笋干。老陈能忍，"嘿嘿"一笑："没问题，日子都是熬过来的，熬个几年，等儿子工作了就好了。"邻居问老陈："到那时，你想买房子啊？"老陈笑了，快活地说："没问题，我就是有这么个梦想，唉，赚钱要紧哪。"

"没问题"是老陈的口头禅，在鸿生厂做工时，谁叫他去帮忙他都肯出手。

夏天热得浑身冒汗，老陈的老婆实在熬不过去，老陈就去买了一台小电扇，还是二手货，转着转着就不转了，用手一拍又转了。幸亏老陈能捣鼓，修修弄弄用了一个夏天。

一天夜里，刮风下雨，老陈家的动静却比风雨声还大。就着昏黄的地脚灯，有邻居看见老陈背着老婆急匆匆出去了，老婆勉强撑了一顶伞。直到第二天上午，楼上邻居才看见老陈满身湿透背着老婆回来。问他怎么回事，他挠挠头皮，摇摇头，苦笑了一下："唉，半碗剩菜搁了两天都舍不得倒，吃出毛病来了，去医院花掉了 600 多块钱，真是贪小失大了。"

老陈似乎并不吸取教训，隔夜菜也还留到第二天热热吃。他不让老婆吃，自己吃。邻居说："你就不怕得病啊？"老陈"嘿嘿嘿"傻笑了："没问题，我是百毒不侵。在鸿生厂做工时，什呢（什么）磷啊、氯酸钾啊，我都用手抓的。"那天，邻居看见老陈蹲在车库门口，用补胎的胶水修补一具房屋模型上的几扇门窗。那是一具小高层楼模型，大约是房交会结束后人家扔掉的，被他捡回来了。看见邻居，他笑了笑说："我以后要买这样的房子，看着就气派。"

梦变成了可以触摸、可以亲近的东西，他的脸上流露出不无自豪的快活神色，好像已经付清首付款似的。老陈憋着一股劲，更加抠钱了。他和老婆出摊更早，收摊更迟。他往常在做临时工时还咪咪小酒，现在咬咬牙戒了，连中午的一碗面也从鱼肉双浇变成了素浇。有邻居说半夜里看见老陈开个电动车到车站去"背娘舅"，赚几个辛苦钱。

老陈说："我做梦都梦见我搬进了这样的楼房里。"他指指搁在衣箱子上的那具楼房模型,那是他的梦想参照物,为此,他会不懈奋斗,而且带着全家一起奋斗。便是这样,楼下车库里也没断过"拔根芦柴花",那是老陈哑沙的嗓音,拿他的话说,他也是鸿生厂的人,鸿生人习惯了苦中作乐、助人为乐、自得其乐。

厂子关门了,生活还要继续。就业要创新,观念要更新,虾有虾路,蟹有蟹路,每个人都应该去寻找适合自己的一只饭碗。金饭碗、银饭碗、铁饭碗、泥饭碗,适合自己的就是最好的饭碗。唯一感到遗憾的就是每每走过鸿生厂的大门,很多工人都会忍不住停下脚步,看看想想,流露出深切的依依不舍之情。

苏州著名杂文家秋末在《不灭的记忆》中写道:

火是红的,火柴厂也是红的。

苏州西南角,护城河上有两座桥,一座是老的,百年千年之桥,叫万年桥;一座是新的,近一二十年造的,叫新市桥。鸿生火柴厂旧址就在这两座桥之间。当年,从万年桥向南眺望,鸿生火柴厂的木筏、厂房就在眼前。今日,那里已是环城绿地。从新市桥向北,举目可见一幢两层楼的红房子,那是鸿生厂仅存的一幢老房子,在古城苏州留下了历史的记痕。

秋末在鸿生火柴厂待过三年,且是正式职工。1973年,苏州市革委会在火柴厂搞基层党组织整顿试点,要个"会写写的",组织组里的人想到秋末,问愿不愿意去。秋末就到火柴厂来了,在宣传科。1976年,文革结束,秋末又回机关。三年,一千个日子,与火柴,与数百工人,结下了情缘。

从万年桥向南走一遭。上世纪七八十年代,万年桥连着桥堍是个农贸市场,卖蔬菜和日用品,满桥面是人。桥堍连着枣市街,也是市场,同样熙来攘往。由枣市街上泰让桥向南,右手是油脂化工厂、第二制药厂,左手是味精厂、火柴厂。火柴厂被马路一分为二,东边是生产区,西边是职工宿舍。无论厂房,还是宿舍,一看就清楚,都是红颜色,不是鲜红,是暗红,沉沉的有分量的红。准确一点,红灰相间,一层红砖一层灰砖,屋檐、窗框全是红的。火柴头,有黑的,有红的,宝塔牌火柴盒,正面是红的。

火柴厂大门还是原来的,门上保留着铁制半圆形的"苏州鸿生火柴厂"厂牌,厂门边上挂着"苏州火柴厂"新厂牌。进厂门,坐北朝南,横着一幢两层木结构楼房,火柴厂办公楼。楼上是党政工团,楼下是生产财务。办公楼前,生产区亦一分为二,中间一石板小路,沿河一侧排着火药仓库、火药磨房、火柴盒仓库,路西则是制梗、上药、装合、刷磷、包装等整个火柴生产的车间。火柴厂沿古城河而建,便于木料水运,也便于灭火。护城河有三分之一的水面,实际成了火柴厂的仓库,从东北运来的木头囤积于此。这种木头叫椴木,制火柴梗的专用木材,轻而直,软硬适度,主产东北大兴安岭。厂里有专司人员长驻林区,采购调运。那时,东北已人工栽培人参,夏秋收参时节,厂里职工常要采购员代购生晒参,我亦买过一次,有用无用泡了当茶喝。

  火柴生产还是比较简单的,分四大块:磨药、调药;制梗、做盒;上药、制头;装盒、刷磷、包装。先是把水桶般的原木从河里拉上岸,锯断,刨皮,再刨成卷筒状的薄片,上机切成梗子,烘干,梗子便制成了。再进入上药工序,上药机是个大家伙,状如印染机,一头整齐的梗子由撞针撞进有眼子的状似履带的金属条板上,机下有药盘,梗子经过药盘就上到药,再烘干,另一头再由撞针将上过药的梗子撞出,就成了有火柴头的梗子,整齐地排在木框里。最后进入装盒、刷磷、包装工序。

  鸿生厂的生产设备、生产技术,是中国火柴业的代表。机械与手工并举,机械为主,有自动成分。开始,有二三十年,火柴生产不少工序是手工操作,常在影视上看到的糊火柴盒,可以称之那时火柴生产和城市贫民生活的影子。到60年代中后期,用来上梗、蘸药、烘干,称之为连续机的主要生产设备,先由济南火柴厂试制成功,苏州亦制造出来。厂长向我介绍,"这是我们自己造的",得意的样子溢于言表。确实,连续机是火柴业技术设备改造最大的成功,结束了人工蘸药的历史。此后,做火柴盒的制盒机,装火柴梗的装盒机,也都制造出来了。70年代后就再也见不到苏州城里的居民糊火柴盒了。

  三年多的火柴厂生活,留下最深刻的记忆,半是艰苦,半是危险。木头从水里拉上来,浑身湿漉漉的,工人穿着橡皮兜,夏天还好,冬天就又冷又湿了。锯木、制梗,机器刨木声切木声,不说震耳欲聋,整天在强噪声中。最艰苦的工作是刷磷,含磷的药水温度在五六十度,蒸汽中伴着刺鼻的药味,不停地把装满火柴梗的盒子放上传送带,不停地把刷上磷的盒子取下，工人一上机就跟着机器转。刷磷机有时会烧起来，像条火龙。有次下车间劳动，刷磷机烧了起来，我紧张得大喊救火，工人们见多了，若无其事，用灭火机把火"扑"地灭了。制梗车间是原来的老车间，砖木结构，又低又矮，高温蒸汽不停喷出，冬天只是药味难忍，夏天就在蒸笼之中。男工，年纪大的，短裤赤膊；女工，不论年龄，大多上穿背心下穿裤头，上衣半是湿漉漉的。火柴厂怕火，那是提心吊胆的怕，怕火烧连营，怕火药爆炸。说书记、厂长每天都睡不上安稳觉，一点不为过，睡梦中一听到救火的警声，就会从床上跳起来，听警声是不是朝火柴厂的方向去。还是未逃过一劫，最后一个老车间刷磷装盒车间烧掉了。那时，我进机关了，回厂看到了那烧焦了的横梁，几处断梁残壁，似乎看到一个老人倒在地上不动弹了。

与我相处的，老中青三代工人，一代从上世纪四五十年代过来的，一代从五六十年代过来的，一代从70年代新进厂的，他们连着火柴厂半个世纪火柴生产的历史。大毛，老一代工人的代表，圆脸，像火柴头，黑黑的，挺壮实，大嗓门，直言直语，连续机就是他们一帮工人干出来的，出了问题，不管是谁都要指责，以厂为家，他们那一代工人做到了；小纪，做过工会主席、车间主任，人憨厚，讲话没多少词儿，夏天常穿一件汗背心，带着一两百名女工，一年一年，一天一天，刷磷、装盒、包装，做主任也是工人，常常顶着上班；小赵，父母是从靖江、常熟来苏州的，70年代初进厂，可称有文化的新一代工人，边上班，边搞团工作，像老一代工人，安于工作，安于清苦，不同之处，关心时政，组织工人读报学文件；老高，厂里的头儿，书记，扛过枪打过仗，那年月的厂领导，绝对的吃苦在先，绝不多占一根火柴梗儿。火柴生产是个特殊行当，既不要多生产，也不能少生产，哪儿脱销，"金牌"会一块一块地下，保质保量安全生产，就是合格，为这8个字，老高殚精竭虑。

这些年，老一代的走了一个又一个，中一代的在家了，青一代的散了。鸿生工人多么像火柴，他们以自己的劳动点亮了世间，点热了千家万户，自己默默离去。

火柴是严格按照供需生产的，原料按计划配给，销售划区供应。所谓市场，也就是供应到那里，从领导到职工都没有后来的市场概念，都没有为火柴厂的前途担心。其实，命运之神正悄悄走来。先发生变化的，火柴的需求在一天一天减少,煤气、液化气在大步进入城市,古老的火柴点火在减少。致命的打击是打火机代替了火柴,几乎占领了整个城市。1982年,中国第一条火柴生产线在济南火柴厂试制成功。而鸿生厂还是原地踏步,尽管产品档次提高、品种增多,也没有挽回被淘汰的结局。百年老厂鸿生厂关门大吉了。部分设备搬到近郊一个村,成了一家村里的合办企业。火柴厂临河,是块宝地,那里办了苏州最大的水果批发市场,一些年纪尚轻的职工,成了市场管理人员。秋末去买过几次水果,见到他们,大家都有点尴尬。

苏州环城整治,水果市场搬走了,火柴厂址成了一条市民休闲的绿带。留下了原来放火柴盒的仓库,就是那幢两层楼的红房子。

2012年3月下旬的一天,春光融融,秋末来到新市桥下,来到了红房子的面前。像老朋友久别重逢,拉着手,仔细看了个遍。外貌没有大的变化,还是灰砖红砖相间,还是红的屋檐、窗框,新发现,窗子特别多,以前没留意。大门重做了,加了一个新招牌,上书"鸿盛楼食府","鸿盛"即鸿生,当年的仓库成了食府。推门而入,完全不是旧模样,与一般酒家无异,吧台、桌面、酒柜。楼后,借河造了个大平台,供游客室外观景品食。说明来意,酒家陪我上楼,原来堆满火柴盒和其他杂物的楼面,隔成了一间间包厢,柔和的灯光,红木模样的桌椅,该说蓬荜生辉,红屋藏娇了。留下的也就是一个空壳子。不过,刘鸿生还得感谢城市规划者,给他留下了一点纪念,今天的苏州人没有忘记鸿生厂这位创业者。

红房子南墙上有一个栏,不能称广告栏,也不能称纪念栏,可称二者兼有栏,一半是给刘鸿生的,上有鸿生厂全貌的老照片、开厂时的公告、宝塔牌火柴盒;一半是给食府的,介绍美食佳肴。昨天与今天,鸿生加食府,名副其实。"开厂公告",秋末抄了一段,录之如下:

谨启者:本公司鉴于外货之充斥,国货之不振,金钱外溢不可胜计,兹为振兴国货挽回利权起见,特在苏州胥门外建厂造屋二百余间,置最新机器,专制红头黑头火柴,以供社会需求……

蓦然回首是百年

百年,在漫长的历史长河中只是瞬间,如花开一季、流星一闪。

百年,对于鸿生厂来说却经历了由盛而衰、由衰而盛的脱胎换骨的蜕变。

百年,在鸿生工人的心里更是留下了难以磨灭的记忆。

2014年的初夏,清风徐来,霞色缤纷。护城河边,两位老人推着一辆轮椅缓缓走向河边的红房子,走走停停,看看说说,好像见到了多年的老朋友。

轮椅上坐着73岁的秦师傅,看上去显得苍老而憔悴,满头白发如霜染一般。秦师傅是鸿生厂的元老,有50多年工龄。老人因脑溢血造成半边瘫痪,每天只能在床上躺着,说话只会发出简单的"啊""依"之类单词。从他发出的单词和简单动作中,相濡以沫的老"家小"(妻子)还是知道了他的最大心愿:去看看护城河边的那座红楼,那是"我的鸿生我的楼"啊。

推着老人过来凭吊老厂遗址的也是鸿生厂的工人,一个是秦师傅的师弟,一个是秦师傅的徒弟。两位老人推着坐在轮椅上的老人,默默站在河边的夕阳下,初夏的风吹着他们饱经沧桑的脸庞。他们围着红房子转了一圈又一圈,好像有满肚子的话要对老朋友倾诉。

"老阿哥,你还记得59年我们一起试制链式装盒机吗?搞了半个多月,忙得满头大汗,好不容易才试制成功。那天夜里,我们第一次启动机器,高兴得就像自己养了个大胖儿子。还记得吗,下班后,我们一起去胥门万年桥下的酒店里吃酒,一人一瓶花雕(黄酒),喝得醉醺醺的。你满脸通红,敲着筷子唱蒋云泉的评弹词开篇《杜十娘》:窈窕风流杜十娘,自怜生落在平康……"推轮椅的老人学着哼了几句,低头看看坐在轮椅上的师哥,想唤醒他的记忆,那是相隔半个世纪的美好记忆。

轮椅上的师哥"依依啊啊"的,不知道听懂了没有,只见他竭力抬起手,指指鸿生厂的方向,手颤抖了一下。

"我记得师傅每天总是第一个进车间,最后一个离开车间的。当时,我还觉得师傅可能是装装样子,可是学徒三年,我看他经常是这样的。师傅对鸿生厂的感情真的很深。"徒弟感叹道。

轮椅上的师傅好像点了下头,咧嘴笑了一下。

鸿生工人对鸿生厂的感情都很深,百年老厂关门了,想想真是舍不得呢。

夕阳下,鸿生厂留下的那座红楼像一条风雨归来的帆船,宁静地泊在护城河边。

后　记

我在撰写《葑溪贾客》（苏州大学出版社2009年出版）时，曾写过一章《大实业家刘鸿生》，后为数家刊物转载。写刘鸿生，自然离不开他所创办的鸿生火柴厂。在一年多的采访调查中，搜集了不少相关资料。2015年秋，苏州市工商档案管理中心约我写《百年鸿生》，这些尘封百年的历史资料及当事人的回忆记录，好像都在眼前鲜活起来、生动起来，成为百年老厂历史风景线上一个个动人的剪影。

沉舟侧畔，病树前头，市场经济的潮落潮起和日用消费品的更新换代，最终使百年老厂的历史画上了句号，只留下一座红楼遗址般地站在千年古城的护城河边。

似乎一切都失落了，淡漠了，遥远了，但是，当我重新翻阅纸色早已泛黄的《鸿生厂志》，仿佛还能听到轰隆的机器声，看到工人们挥汗如雨的劳动场景，感受到写字楼里那些账房先生飞快拨动算盘珠儿的魅力；也仿佛还能体悟到鸿生人一旦告别鸿生厂时那种类似"易水诀别"的悲壮和恋恋不舍的眼神。

用特写镜头看生活，生活是一个悲剧；但用长镜头看生活，生活则是个喜剧。追忆鸿生厂百年历史，我能感受到的是民族工业的荣耀、自豪、赞誉，还有鸿生工人吃苦耐劳的精神。尽管我不能把鸿生百年的历史完整地翻录下来，采撷的可能只是这棵百年老树的一些枝叶，但我仍然相信读者可以透过这本书看到鸿生厂跨世纪的兴衰史了。

我要特别感谢苏州市工商档案管理中心给我这个机会，去触摸百年老厂的脉搏，去追忆鸿生人脚踏实地的足印，去反思历史留给我们的珍贵启示；感谢所有接受我采访的朋友们和皇甫元先生所提供的珍贵资料；还要感谢苏州市地方志办公室和苏州市方志馆为本书提供了宝贵的照片。

回望鸿生留下的红楼，思绪如河水静静流淌，长亭外，古道边，依然芳草碧连天，依然萋萋满别情。

孙骏毅
2016年9月